Werner Röhle

10 gute Ratschläge für ein gelingendes Leben

AF282243

FSC
www.fsc.org

MIX

Papier aus ver-
antwortungsvollen
Quellen

Paper from
responsible sources

FSC® C105338

10 gute Ratschläge für ein gelingendes Leben

Predigten über die 10 Gebote

Werner Röhle

Impressum

Bibliografische Information der Deutschen Nationalbibliothek:
Die Deutsche Nationalbibliothek verzeichnet diese Publikation in der Deutschen Nationalbibliografie; detaillierte bibliografische Daten sind im Internet über http://dnb.dnb.de abrufbar.

© 2020 Werner Röhle

Herstellung und Verlag: BoD – Books on Demand, Norderstedt

ISBN: 978-3-7597-0306-4

INHALTSVERZEICHNIS

1. Vorwort

10 gute Ratschläge für ein gelingendes Leben

Gott meint es gut mit uns Menschen. Und darum hat er uns 10 Gebote gegeben, damit unser Leben gelingen kann. Er kennt uns genau und weiß, dass wir Orientierung und Werte brauchen, damit wir im Leben zurechtkommen. Und darum gibt er uns Menschen 10 großartige Ratschläge die, wenn wir sie befolgen, dazu führen, dass das Leben gelingt. Und ein gelingendes Leben ist ein gesegnetes Leben! Von den 10 Geboten regeln 4 Gebote unsere Beziehung zu Gott und 6 Gebote regeln unsere Beziehung zu anderen Menschen. 10 große Freiheiten, die die Beziehung zu Gott und den Mitmenschen regeln sollen! Die 10 Gebote enthalten 279 Wörter, die amerikanische Unabhängigkeitserklärung 300 Wörter, und die Verordnung der Europäischen Union über den Import von Karamellbonbons hat exakt 25.911 Wörter. Gott liebt das Konkrete und das Präzise, um uns Menschen nicht zu überfordern. Manche sagen: „Ich will kein Buch mit lauter Vorschriften. Das ist mir alles viel zu restriktiv – alle diese Regeln und Verbote. Ich will frei ein. Wenn man nach der Bibel lebt, verliert man die Freiheit, das Leben zu genießen." Aber stimmt das wirklich? Nimmt die Bibel uns unsere Freiheit? Oder ermöglicht sie sie nicht erst? Regeln und Vorschriften schaffen tatsächlich erst einen Rahmen, in dem sich Freiheit und Freude am Leben voll entfalten können. Ein Bischof hat dazu treffend angemerkt: „Die Zehn Gebote sind eine brillante Analyse der Minimalanforderungen, anhand derer eine Gesellschaft und eine Nation ein nüchternes, gerechtes und zivilisiertes Dasein führen kann." Charles de Gaulle soll gesagt haben: „Die 10 Gebote sind deshalb so knapp und präzise, weil Gott darauf verzichtet hat, ein Komitee einzuberufen."

2. 2. Mose 20,1-3 + 5. Mose 5,6+7 – Den einzig wahren Gott verehren! (1. Gebot)

a) <u>Einstieg und Anmarschweg:</u>

Ich sehe einen Gott, der sich Gedanken macht über Menschen. Ich sehe einen Gott, der Anteil nimmt am Ergehen der Menschen. Ich sehe einen Gott, der die Situation der Menschen realistisch einschätzt, denn sie sind für Ihn „verschmachtet und zerstreut wie die Schafe, die keinen Hirten haben" (Mt. 11,36).

Ich sehe einen Gott, der Antwort weiß auf die Hilf – und Orientierungslosigkeit der Menschen, und der sich dann outet in unerhört beeindruckender und majestätischer Weise. Auf einem Berg – dem Berg Sinai – blitzt und donnert es und es ertönt der Schall einer sehr starken Posaune. Das ganze Volk aber, das im Lager war, erschrak.

Und dann gibt Er uns Menschen 10 großartige Ratschläge die, wenn wir sie befolgen, dazu führen, dass das Leben gelingt. Und ein gelingendes Leben ist ein gesegnetes Leben!

b) <u>Textlesung und Thema</u>

Ich würde gern in der 2. Jahreshälfte einmal über die 10 Gebote predigen und starte heute mit dem 1. Gebot.

Die 10. Gebote finden wir an zwei Stellen im AT, in 2. Mose 20 und in 5. Mose 5, kann man sich gut merken. Und hier ist das 1. Gebot.

⤣ 2. Mose 20,1-3: „1 Und Gott redete alle diese Worte: 2 Ich bin der HERR, dein Gott, der ich dich aus Ägyptenland, aus der Knechtschaft, geführt habe. 3 Du sollst keine anderen Götter haben neben mir."

✦ 5. Mose 5,6-7: „Und er sprach: 6 Ich bin der HERR, dein Gott, der dich aus Ägyptenland geführt hat, aus der Knechtschaft. 7 Du sollst keine anderen Götter haben neben mir."

Das Thema ist klar, oder?

„Ich bin der HERR, dein Gott, der ich dich aus Ägyptenland, aus der Knechtschaft, geführt habe. Du sollst keine anderen Götter haben neben mir." Oder kurz und knapp: „Den einzig wahren Gott verehren!"

c) Was denkt ihr, wenn ihr das Wort „Gebote" hört?

Was denkt ihr, wenn ihr das Wort „Gebote" hört?

Angebot, Bestimmung, Vorschrift, Warnung, Empfehlung, Drohung, Befehl, Vorschlag, guter Rat, Ordnung, Wunsch, Möglichkeit, Gesetz, Vertrag, Verbot, Regel, Strafe, Verordnung, Ermahnung, Forderung, Recht, Zwang? Ich habe ein Buch in meinem Bücherschrank mit dem Titel „In Freiheit leben." Geschrieben von Dr. Hansjörg Bräumer, der jahrelang Vorsteher der Lobetalarbeit in Celle gewesen ist. „In Freiheit leben?" Ist das nicht ein Widerspruch in sich selbst? Sind Gebote nicht etwas Einengendes, etwas, was uns gerade unsere Freiheit raubt und uns an unserer Selbstverwirklichung hindert?

Genau das Gegenteil ist der Fall. Hansjörg Bräumer meint dazu: „Das Leben nach den Geboten versetzt den Jünger in eine königliche Freiheit und bewahrt ihn vor dem Diktat der Umwelt und des Bösen." – Ich finde, er hat Recht. Jesus hat mal gesagt: „Ihr werdet die Wahrheit erkennen, und die Wahrheit wird euch freimachen." Joh. 8. Und dann fährt Er fort: „Wenn nun der Sohn euch frei machen wird, so werdet ihr wirklich frei sein." – Es gibt keine Freiheit in sich selbst und in uns selbst!

Aus dem einfachen Grund: Wir sind nicht so konstruiert! Wir sind nicht so geschaffen, dass wir „in uns selbst" frei sein können. Freiheit gibt es nur, wenn wir unser Leben an Jesus verlieren und an Jesus binden! Durch Jesus sind wir frei geworden vom „Gesetz der Sünde und des Todes!"

So sagt es Paulus in Römer 8,2: "Denn das Gesetz des Geistes des Lebens in Christus Jesus hat dich freigemacht von dem Gesetz der Sünde und des Todes."

Und da können die 10 Gebote eine unschätzbare Hilfe sein. Denn sie geben uns Orientierung im Blick auf den Willen Gottes. Von den 10 Geboten regeln 4 Gebote unsere Beziehung zu Gott und 6 Gebote regeln unsere Beziehung zu anderen Menschen.

10 große Freiheiten, die die Beziehung zu Gott und den Mitmenschen regeln sollen! Charles de Gaulle soll gesagt haben: „Die 10 Gebote sind deshalb so knapp und präzise, weil Gott darauf verzichtet hat, ein Komitee einzuberufen."

Wusstet ihr, dass die 10 Gebote 279 Wörter enthalten, die amerikanische Unabhängigkeitserklärung 300 Wörter, und die Verordnung der Europäischen Union über den Import von Karamellbonbons hat exakt 25.911 Wörter.

d) Lutherische und biblisch-jüdische und reformierte Fassung

Vielleicht ist da der eine oder andere von uns auch schon mal drüber gestolpert: Es gibt zwei unterschiedliche Zählweisen der Gebote:

- ❖ Die lutherische Fassung.
- ❖ Und die biblisch-jüdische und reformierte Zählweise.

Ich orientiere mich an der biblisch-jüdischen und reformierten Zählweise.

So viel mal als Einleitung und Anmarschweg zum Thema heute.

„Ich bin der HERR, dein Gott ... Du sollst keine anderen Götter haben neben mir!" Oder kurz und kräftig: „Den einzig wahren Gott verehren!" Und ich möchte euch 4 Gedanken dazu weitergeben:

1. Gott meint es gut mit uns!
2. Der Mensch braucht halt (Halt), was hält! (Der Sinn der Gebote)
3. Hände weg von Ersatzgöttern!
4. In Hingabe leben!

„Den einzig wahren Gott verehren!"   Ein erster Gedanke dazu:

1) Gott meint es gut mit uns!

a) Befreier und Retter!

„1 Und Gott redete alle diese Worte: 2 Ich bin der HERR, dein Gott, der ich dich aus Ägyptenland, aus der Knechtschaft, geführt habe."

So stellt Er sich uns vor, der HERR aller Herren und der König aller Könige! Der einzig wahre und lebendige Gott! Er stellt sich uns positiv vor, als jemand, der es sehr gut mit uns meint. Das, was Er damals an Israel getan hat, möchte Er auch an uns immer wieder gern tun: Er möchte uns in die Freiheit führen. Er möchte jede uns bedrängende Unfreiheit beseitigen. Er möchte uns – Seinen Kindern – helfen, dass wir befreit leben und dass uns nichts mehr versklavt. Dafür schlägt Sein Herz.

Bevor Gott irgendetwas von Seinem Volk verlangt oder erwartet, stellt Er sich ihm vor als der, der Er ist. Vor und über allen Geboten sagt und schreibt der lebendige Gott: Ich bin der Heilbringende! Ich bin der Lebensspendende! Ich bin der in die Freiheit Führende. Ich werde immer für euch da sein!

6

b) Ich bin ... dein Gott!

„Ich bin ... dein Gott!" Der Gott der Gebote ist nicht zuerst der Richter.
Natürlich ist Er auch der heilige und gerechte Gott. Er ist so ganz anders
als wir Menschen. Aber die Gebote – die 10 großen Freiheiten – erlässt
Gott, der Erlöser, der sein Volk aus einer 400 jahrelangen Knechtschaft
befreit hat, nämlich Israel aus Ägypten.

Mit dem großen „Ich bin" stellt Gott im Gegensatz zu den Göttern der
Religionen in der Umwelt Israels seine Einzigartigkeit fest.

Der Götterhimmel der anderen Religionen war bevölkert mit einer Unzahl
von Volks-, Haus-, Vater – und Muttergottheiten. Sie konnten je nach
Gelegenheit und Bedarf und Not als Fürsprecher angerufen werden.

Den Bock abgeschossen hat der Hinduismus mit seinen mehr als
3 Millionen Göttern! Neben der Vielgötterei, dem sogenannten
Polytheismus und Polydämonismus, gab es rings um Israel auch
Religionen mit zwei sich widerstreitenden Göttern. Ein böser und ein guter
Gott stehen – wie es im Dualismus (Zweiheit, Gegensätzlichkeit).
angenommen wird – in ewigem Widerstreit. Für Menschen, die mit ständig
sich bekämpfenden Gottheiten rechnen, ist es wichtig, dem „Bösen" zu
entkommen und den „Guten" für sich zu gewinnen.

Der lebendige und einzig wahre Gott, der den Seinen zusagt: „Ich bin dein
Gott", ist einzig und allein Gott. Es gibt keine Götter neben Ihm
(Polytheismus). Es gibt auch keine gottähnlichen Wesen, mit denen er es
nötig hätte, in den Kampf zu treten (Dualismus). Gott, der Allmächtige, ist
allein Gott! Er sah die Versklavung seines Volkes in Ägypten, und Er griff
ein. Er erwies sich als Erretter und Befreier Seines Volkes.

Die Zusage: „Ich bin" heißt wörtlich übertragen:

- „Ich bin da": Gott sagt seine Gegenwart zu – Er ist wirklich da!
- „Ich werde da sein": Das ist Seine Zusage für die Zukunft!
- „Ich bin für euch da": Ich wende mich euch helfend zu!
- „Ich bin da und handle": Ich setze mich für euch ein und handle!

Gott verspricht Seinem Volk: „Ich werde für dich da sein! Ich werde mit euch gehen. Ich werde bei euch stehen. Wo immer euch euer Weg hinführt: Ich bin da!"

Wie undurchsichtig und schwer unser Weg auch aussieht, Gott wird für uns da sein. Er will uns mit den Geboten, die die Überschrift tragen: „Ich werde für euch da sein", einen Weg weisen, den wir gehen können in der Gewissheit: Gott ist bei mir. Er verlässt mich nicht. Mit dieser Zusage: „Ich bin dein Gott", stellt sich der Gott der Gebote seinen Menschen vor als Schöpfer und Erlöser, als Gott der Gnade und Barmherzigkeit.

Merken wir was? „Wie der Vater, so der Sohn", der uns im Joh.-Evang. 7mal zuruft:

- Joh. 6,35 EU: „Ich bin das Brot des Lebens; wer zu mir kommt, wird nie mehr hungern, und wer an mich glaubt, wird nie mehr Durst haben." (nochmals in Vers 48)
- Joh. 8,12 EU: „Ich bin das Licht der Welt. Wer mir nachfolgt, wird nicht in der Finsternis umhergehen, sondern wird das Licht des Lebens haben."
- Joh. 10,9 EU: „Ich bin die Tür; wer durch mich hineingeht, wird gerettet werden; er wird ein- und ausgehen und Weide finden."
- Joh. 10,11 EU: „Ich bin der gute Hirte. Der gute Hirte gibt sein Leben hin für die Schafe."

- Joh. 11,25 f. EU: „Ich bin die Auferstehung und das Leben. Wer an mich glaubt, wird leben, auch wenn er stirbt, und jeder, der lebt und an mich glaubt, wird auf ewig nicht sterben."
- Joh. 14,6 EU: „Ich bin der Weg und die Wahrheit und das Leben; niemand kommt zum Vater außer durch mich."
- Joh. 15,1 EU: „Ich bin der wahre Weinstock, und mein Vater ist der Weingärtner."

Jesus und der Vater sind eins! Und beide reichen völlig aus für unser ganzes Lebens! Gott meint es gut!   Den einzig wahren Gott verehren! Dazu gehört ein zweiter wichtiger Gedanke:

2) Der Mensch braucht halt (Halt), was hält! (Der Sinn der Gebote)

a) Beispiel 1074 (Quelle: Band 3, Schäfer, In Bildern reden)

Wir leben ja wirklich in einer schönen Gegend mit viel Wasser. Und es gibt hier etwas, was es woanders nicht so gibt: Leuchttürme.

Der Leuchtturm, an dem sich der Kapitän orientiert, steht außerhalb des Schiffes. Er bleibt dort auch stehen. Er weicht keinen Schritt zur Seite, auch wenn Sturm und Wellen das Schiff noch so weit von ihm wegtreiben. Nur in dieser absoluten Standfestigkeit ermöglicht er hilfreiche Orientierung. So ist es auch mit den Geboten Gottes. Sie haben ihre Verankerung in Gottes Ewigkeit. Sie haben absolute Gültigkeit. Sie sind nicht unsere Produkte. Wir können sie deshalb auch nicht willkürlich verrücken oder aufweichen. Sie werden uns alle überleben und auch dann noch da sein, wenn wir schon lange nicht mehr da sind. (Ulrich Parzany)

„Ein Volk, das die 10 Gebote nicht achtet, ist ein verlorenes Volk", hat Theodor Roosevelt (1858-1919), der 26. Präsident der Vereinigten Staaten einmal gesagt.

Und damit das ja nicht passiert, hat uns Gott vor ur-langen Zeiten auf zwei Tafeln handverlesen die 10 großen Freiheiten geschenkt und ans Herz gelegt. Die Gebote 1 – 4 sprechen das direkte Verhältnis zwischen Gott und Mensch an. Und die Gebote 5 – 10 regeln die Beziehungen der Menschen untereinander. Sie sind so übersichtlich, kurz und knapp und kräftig, dass wir sie uns gut merken und einprägen können; und gleichzeitig so gehaltvoll und so tiefgründig, dass wir an ihrer Bedeutung ein Leben lang herumbuchstabieren werden.
„Und ein Volk, das die 10 Gebote nicht achtet, sie mehr und mehr ignoriert und sich von ihren Aussagen verabschiedet, ist ein verlorenes Volk." Man kann sich – geistlich gesehen – große Sorgen machen über das Land der Reformation, über Deutschland! Gelegentlich schafft ein Volk Gott ab, aber Gott ist zum Glück toleranter.

Das ist ein wichtiger Sinn, warum Gott uns die Gebote gegeben hat:

- ❖ Wir brauchen Orientierung, damit unser Lebensschiff in den Stürmen des Lebens gut durchkommt und den Heimathafen erreicht.
- ❖ Es tut gut, zu wissen, worauf es Gott ankommt in unserer Beziehung zu Ihm und in unserem Miteinander mit anderen Menschen.

b) <u>Riegel – Spiegel – Regel!</u>

Die Reformatoren haben von einer <u>dreifachen Funktion und Aufgabe des</u> <u>Gesetzes</u> gesprochen: Die Gebote wirken wie ein Riegel, wie ein Spiegel, und wie eine Regel!

1. <u>Riegel</u>. Das Gebot oder Gesetz – der Weg *zu* leben! (Riegel – Schutzwand). Krankenpfleger Intensiveinheit ... spanische Wand, um vor neugierigen Blicken auf Frischoperierte zu schützen.
2. <u>Spiegel</u>. Das Gebot oder Gesetz – der Weg *zum* Leben! (Röntgenaufnahme, die die kranke Stelle aufdeckt und dann eine Überweisung in die Hände des guten Arztes ausstellt).
3. <u>Regel</u>. Das Gebot oder Gesetz – der Weg *im* Leben! (Richtschnur)

„So ist also das Gesetz heilig, und das Gebot ist heilig, gerecht und gut"; und „Jesus ist auch nicht gekommen, das Gesetz aufzulösen, sondern zu erfüllen." (Römer 7,12 + Matthäus 5,17).

Die ganze Bibel ist das für uns: Riegel – Spiegel – Regel!

- Sie zeigt uns den Weg *zu* leben!
- Sie zeigt uns dem Weg *zum* Leben!
- Sie zeigt uns den Weg *im* Leben!

Den einzig wahren Gott verehren!   Warum?

1. Gott meint es gut mit uns!
2. Der Mensch braucht halt (Halt), was hält!

Und eine dritte Antwort heißt:

3) <u>Hände weg von Ersatzgöttern!</u>

a) <u>Du sollst – du sollst nicht!</u>

Wird es jetzt gesetzlich? Nein, es bleibt evangelisch. Aber zum 1. Gebot gehört eben auch die Aussage: „Du sollst keine anderen Götter haben neben mir", die wir nicht unterschlagen wollen und dürfen. Sicher ist diese Aussage auch ein Hinweis auf die „Vielgötterei", die es in Kanaan und in der Umgebung Israels damals gab.

Warum sagt dass Gott hier? Braucht Er Monopolschutz (Vorrecht, alleiniger Anspruch)? Hat Er es denn nötig, so auf Seine Alleinigkeit bedacht zu sein und Seinen Anspruch geltend zu machen? Was hat Er, der Schöpfer Himmels und der Erden, der mächtige Erlöser und Befreier Seines Volkes denn schon zu befürchten, selbst wenn sich neben Ihm ein paar kleine Götzen regten? Sollte Er nicht als der völlig Überlegene mit einem Lächeln über die hinwegsehen, die versuchen wollen, auch ein bisschen Gott zu spielen? Warum aber diese Ausschließlichkeit diese Forderung der alleinigen Bindung an Ihn? Warum sollen wir, wie Martin Luther in seinem Kleinen Katechismus so schön sagt: „Gott über alles fürchten, lieben und vertrauen"?

Die Antwort, die Gott uns auf diese Fragen gibt, ist klar und eindeutig. Und sie ist großartig! Die Antwort heißt: „Ich gebiete euch dies, weil ich euch liebhabe! Ich denke bei dem allen gar nicht an Mich und Meine Ehre, Ich denke dabei an euch, an euer Heil, an euren Frieden, an euer Glück!"

Bevor Gott die Gebote an Sein Volk weitergab, hat Er sich vorgestellt als der große Helfer und Befreier, hat also das Wohl der Seinen, das Wohl Seines befreiten Volkes im Auge. Er will nicht, dass sie wieder in Unfreiheit, wieder in Abhängigkeit geraten, wieder unter die Gewalt einer Sklaverei geraten, die schlimmer ist als das, was sie vorher in Ägypten erlebten. Er will, dass die Seinen nicht nur in die „herrliche Freiheit der Kinder Gottes hineinkommen, sondern auch „in dieser Freiheit bestehen, zu der sie befreit sind!" Und das gelingt nur, wenn sie bei Ihm, bei Ihm allein bleiben.

Gott weiß also um die ungeheure Gefährdung Seines Volkes! Er kennt die Götzen genau und weiß um die verheerenden Folgen ihres Einflusses besser Bescheid als Sein Volk. Er weiß, dass man nicht mit ihnen spielen kann. Er weiß, dass man ihre gefährlich, verderbliche Macht erst so recht spürt, wenn es zu spät ist.

Und darum: „Du sollst keine anderen Göttes neben Mir haben! Weder aus dem himmlischen noch aus dem irdischen noch aus dem dämonischen Bereich!"

In der hebr. Bibel des AT gibt es verschiedene Worte für das deutsche Wort „nicht" und für die Verneinung. In den 10. Geboten steht jedes Mal das Wort לא, was man am besten wiedergeben und übersetzen kann mit: „Du sollst, du wirst und du darfst unter keinen Umständen diese oder jene Handlung tun." Damit wird ein scharfes und absolutes Verbot ausgedrückt, eine Handlung niemals zu tun.

Manche sagen: Das ist hier im Hebräischen eine einfache Feststellung, so nach der Weise: „Du hast keine anderen Götter neben mir, weil du Mich kennst. Wo ich allein der HERR deines Lebens bin, da kann es einfach keine anderen Götter neben mir geben. Die haben neben mir einfach keinen Platz."

b) <u>Er hat mich!</u>
Der Schweizer Pfarrer Walter Lüthi hat einmal in einer Auslegung der 10 Gebote eine kleine Geschichte erzählt, die sehr schön deutlich macht, wie es mit den Götzen ist und wovor uns der Gehorsam gegenüber Gottes Gebot schützt.

Die halbwüchsigen Jungs eines Dorfes hatten sich einmal vorgenommen, einen Fuchs, der immer wieder in den Hühnerställen sein Unwesen trieb, in seinem Bau aufzustöbern und lebendig zu fangen. Einer der Jungen kroch dazu in den Bau des Fuchses, während die anderen draußen warteten. Schon nach kurzer Zeit hörte man den triumphierenden Ruf: „Ich hab' ihn! Ich hab' ihn!" Kaum zwei Atemzüge später aber ertönte lautes Heulen: „Er hat mich! Er hat mich!"

c) <u>Fragen an uns!</u>
Genau das passiert, wenn wir auf Ersatzgötter und Götzen hereinfallen. Es sieht zunächst alles großartig und verheißungsvoll aus. Und dann wird der Spieß herumgedreht. Erst hatten wir alles im Griff, und dann werden wir die Opfer und unsere Götzen haben uns.

Darum ein paar Fragen zur persönlichen Prüfung an uns:
Was ist mir wichtiger als Gott? Worauf setze ich noch mein Vertrauen?
Unser Beruf, das Geld, die Familie, das Hobby, der Sport, Menschen?

Was diktiert uns? Was bestimmt uns? Was treibt uns an und um? Was ist uns wichtiger als Gott? „Du sollst keine anderen Götter haben neben mir", das ist Ausdruck der Liebe und Güte Gottes zu uns Menschen!

Den einzig wahren Gott verehren!   Warum?

1. Weil Gott es gut mit uns meint!
2. Weil wir Halt brauchen im Leben!
3. Weil Er uns vor Ersatzgöttern und Götzen bewahren will!

Und schließlich, ein letzter Gedanke:

4) In Hingabe leben!

a) Beispiel 57! (Quelle: Band 1, Schäfer, Hört ein Gleichnis)

Weil Gott es gut mit uns meint, dürfen wir Ihn ehren und zurücklieben! Der Essener Jugendpfarrer Wilhelm Busch erzählt: Eines Tages besuchte mich in Essen ein Privatdozent für Altes Testament an einer süddeutschen Universität. Der kommt von einer Orientalisten-Tagung in Bonn und will bei dieser Gelegenheit das Industriegebiet kennenlernen.

Ich führe ihn durch das Kruppwerk. Wir besichtigen eine Zeche. Als wir über den Zechenplatz gehen, sehe ich den „Vater Weihe" mit seiner seltsamen Kosakenmütze. Er ist ein pensionierter Bergmann, und ich mag ihn sehr, weil er ein begeisterter Jesus-Nachfolger und „brennend im H.G." ist.

„Herr Doktor!" sage ich zu dem Privatdozenten, „dort kommt ein Mann, den müssen Sie unbedingt kennenlernen." Wir begrüßen einander. „Vater Weihe", sage ich, „dieser Herr lehrt Studenten das AT kennen." „So?" sagt Vater Weihe. „Dann wünsche ich Ihnen nur, dass Ihnen das AT so viel wert ist wie mir." Dabei schaut er ihn prüfend und scharf an.

Der ist etwas erstaunt, dass ein einfacher Bergmann sich als Kenner des AT ausgibt. Etwas unsicher fragte er: „Was haben Sie denn im Alten Testament gefunden?" – Da richtet sich „Vater Weihe" auf und sagt mit großem Ernst: „Wenn dein Gesetz nicht mein Trost gewesen wäre, so wäre ich vergangen in meinem Elend." Psalm 119,92 – Nur diesen einen Satz aus dem Psalm 119 sagt er. Dann zieht er seine Kappe und stapft ohne ein weiteres Wort davon.

Der gelehrte Mann schaut ihm nach. Dann atmet er tief auf: „Das war die beste Vorlesung, die ich je über das Alte Testament gehört habe." Gott meint es gut mit uns! Und darum hat Er unsere Hingabe verdient!

b) Martin Luther

Martin Luther, der durch viele Anfechtungen gegangen ist, sagte über das 1. Gebot: „Wenn mir alles unbegreiflich vorkommt, ja, wenn sogar das Bild des Heilandes mir zeitweilig verdunkelt wird, dann ist mein letzter Halt das, was Gott im ersten Gebot gesagt hat.

„Ich bin der HERR, dein Gott." Also die Wahrheit: Ich habe mich nicht selbst erschaffen, ich bin nicht allein mit mir selbst und mit meinem Schicksal. Ich stehe in der Hand dessen, ohne den ich keinen Atemzug tun könnte. Gott hätte mich nicht erschaffen, wenn er kein Ziel mit mir hätte. Er fängt kein Werk an, um es dann unvollendet wegzuwerfen und liegenzulassen."

c) Aufruf zur Hingabe (Matth. 22,34-60)

Den einzig wahren Gott verehren! Weil Er es so gut mit uns meint! Wie kann das angemessen aussehen: In Hingabe leben!

Sicher so, dass man Ihm das immer wieder mal im Gebet sagt, zum Beispiel so:

Lieber Vater im Himmel,

ich verehre als den einzig wahren und lebendigen Gott.

Du hast mir Deine Liebe offenbart, weil Jesus für mich

am Kreuz für meine Schuld gestorben ist.

Dadurch bist Du mein Gott geworden.

Du bist mein Retter und Befreier und meinst es

sehr gut mit mir. Vielen Dank, dass Du durch Jesus

mein persönlicher Gott und mein himmlischer Vater geworden bist.

Ich liebe und verehre Dich.

Amen.

In Hingabe leben! Das kann und darf und sollte man immer wieder im
Gebet ausdrücken.

Das kann und darf und sollte man auch immer wieder mit Lobgesang und
Anbetung ausdrücken. Das ehrt Gott, und darüber freut sich Gott.

Und schließlich drücken wir unsere Hingabe an Ihn auch dadurch aus, dass
wir unser ganzes Leben nach Seinem guten Wort ausrichten und es
ernstnehmen!

Jesus selbst hat das mal im Johannes-Evangelium so auf den Punkt
gebracht: „Wer mich liebt, der wird mein Wort halten;
und mein Vater wird ihn lieben, und wir werden zu ihm kommen und
Wohnung bei ihm nehmen. Wenn ihr meine Gebote haltet, so bleibt ihr in
meiner Liebe, wie ich meines Vaters Gebote halte und bleibe in seiner
Liebe."
Johannes 14,23 und Johannes 15,10

Hingabe an Gott praktisch durch Gebet, Lobgesang und das Ernstnehmen Seines guten Wortes!

Das ist zutiefst auch eine Herzensangelegenheit, wenn Jesus einem Schriftgelehrten, der Ihn versuchen wollte und die Frage stellte: „Meister, welches ist denn das höchste Gebot im Gesetz", die Antwort gibt:

„Du sollst den Herrn, deinen Gott lieben von ganzem Herzen,
von ganzer Seele und von ganzem Gemüt ... (5. Mose 6,5)
Dies ist das höchste und größte Gebot. Das andere aber ist dem gleich:
„Du sollst deinen Nächsten lieben wie dich selbst. (3. Mose 19,18)
In diesen beiden Geboten hängt das ganze Gesetz und die Propheten."

In Hingabe leben! Das funktioniert nur „ganz" oder „gar nicht"; das funktioniert nur mit ganzem Herzen! ὅλος, η, ov ganz, vollständig, ungeteilt ...

d) Zusammenfassung

Den einzig wahren Gott verehren! Darum geht es im 1. Gebot. Warum?

1. Weil Gott es gut mit uns meint!
2. Weil wir Halt brauchen im Leben!
3. Weil Er uns vor Ersatzgöttern und Götzen bewahren will!   Darum:
4. In Hingabe leben!

Ich lade euch ein, ein „Gebet der Verehrung" jetzt im Stehen gemeinsam zu beten ...

3. 2. Mose 20,4-6 + 5. Mose 5,8-10 – Mach dir kein Bild von Gott – denn Gott sprengt jeden Rahmen! (2. Gebot)

a) <u>Einstieg und Hinführung:</u>

Das es 10 Gebote gibt, steht an mehreren Stellen im AT. Und in der bibl. Aufzählung ist das Gebot „Du sollst dir kein Bild von Gott machen" eindeutig das 2. Gebot. – Das Verbot eines Gottesbildes oder Abbildes wurde aber schon in der Alten Kirche nicht mehr verstanden. Augustin, der Kirchenvater (gest. um 430), gliedert deshalb das Bilderverbot dem 1. Gebot ein und teilte das 10. Gebot in zwei Gebote auf.

Während die Griechisch-Orthodoxe Kirche die biblische Zählung trotz der zahlreichen Bilder in ihren Gotteshäusern beibehält, schließt sich Luther, der ehemalige Augustinermönch, in seiner Zählung dem Kirchenvater Augustinus an. Die Reformierte Kirche dagegen bleibt bei der atl. Zählung, meint aber, das Gebot verbiete jegliche Art der religiösen Kunst, und verbannt deshalb die Darstellung des Gekreuzigten und Auferstandenen aus ihren Gotteshäusern. So haben wir bis heute zwei unterschiedliche Zählweisen der Gebote (siehe 1. Gebot).

b) <u>Textlesung und Thema</u>

Hier ist das 2. Gebot aus 2. Mose 20,4-6 und 5. Mose 5,8-10:

<u>2. Mose 20,4-6</u> und 5. Mose 5,8-10 (beide Texte sind sehr ähnlich):

„4 Du sollst dir kein Bildnis noch irgendein Gleichnis machen, weder von dem, was oben im Himmel, noch von dem, was unten auf Erden, noch von dem, was im Wasser unter der Erde ist: 5 Bete sie nicht an und diene ihnen nicht!

Denn ich, der HERR, dein Gott, bin ein eifernder Gott, der die Missetat der Väter heimsucht bis ins dritte und vierte Glied an den Kindern derer, die mich hassen, 6 aber Barmherzigkeit erweist an vielen Tausenden, die mich lieben und meine Gebote halten."

Das Thema dieser drei Verse heißt: „Du sollst dir kein Bild von Gott machen!" Oder: „Mach dir kein Bild von Gott – denn Gott sprengt jeden Rahmen!" – Dazu vier Gedanken:

- a. Warum kein Bild von Gott?
- b. Gott schützt Sein Anderssein!
- c. Falsche Gottesbilder, die nicht weiterhelfen!
- d. Ein Bild von Gott ist erlaubt – Jesus!

Das möchte ich jetzt in der Predigt entfalten und mit euch ein wenig darüber nachdenken.

„Mach dir kein Bild von Gott – denn Gott sprengt jeden Rahmen!"

Dazu ein erster Gedanke:

1) Warum kein Bild von Gott?

a) Geschichtlicher Hintergrund!

Ein Bild ist im Alten Orient etwas Wirkliches, etwas lebendig Wirkendes. Der Abgebildete ist der Doppelgänger dessen, der auf dem Bild dargestellt wird. Wer das Bild eines Menschen besitzt, der kann über diesen verfügen. Wo ein Mensch ein Gottesbild anfertigt, versucht er Gott in feste Umrisse einzufangen. Damit tastet er Gottes Freiheit an und setzt dem unumschränkten HERRsein Gottes menschliche Grenzen. Deshalb verbietet Gott das Anfertigen eines Gottesbildes.

Wir Heutigen denken vielleicht, mit dem „Bildverbot" nichts mehr zu tun zu haben. Aber warten wir mal ab, wie die Predigt weitergeht.

Das Israel des AT stand immer wieder in der Gefahr, dass die Gottesbilder der Umwelt, die Götter Ägyptens, die Statuen der kananäischen Urvölker, die Bilder aus Assyrien, Babylon und Ninive in ihr Leben Eingang fanden. Wo immer ein solches fremdes Gottesbild im irdischen Raum angefertigt wurde, trat auch der fremde Gott seine Herrschaft im Volk Gottes des AT an. Die Assyrer z.B., die 722 v. Chr. das Nordreich Israel eroberten, siedelten fünf verschiedene Völkergruppen aus ihrem eigenen Reich Assyrien im Norden Israels an; und diese fünf Völkergruppen brachten auch sieben fremde Götter mit (2. Könige 17).

Das im Lande gebliebene restliche Volk Israel gab seinen Gott Jahwe nicht auf; es diente Ihm weiter im Tempel in Jerusalem, aber daneben zogen in die Häuser und Orte die Bilder der sieben fremden Götter ein. Es entstand eine Mischreligion. Aber da machte Jahwe, der einzige Gott Israels nicht mit und zog sich von dem Volk, das aus dem wahren Gottesdienst eine Mischreligion gemacht hatte, zurück. So kam es 500 v. Chr. zur Trennung von Nordreich und Südreich und die Samariter im Norden bauten sich eine eigene Kultstätte auf dem Berg Garizim, im Westjordanland bei Sichem.
Die Geschichte vom Einzug der Götterbilder in das Nordreich Israel und vom Rückzug des einen wahren Gottes hat sich hundertfach in der Geschichte Gottes mit seinem Volk wiederholt.

b) Sehnsucht nach einem Gott zum Anfassen!
Denn es gibt da auch in unserem Leben eine Sehnsucht nach einem Gott zum Anfassen! Dahinter steht der Wunsch nach Orientierung und Führung und Sicherheit.

Unsere Götterbilder sind nicht mehr aus Stein oder Holz.

Sie werden nicht mit Händen gefertigt, sondern entspringen der geistigen Veranlagung von uns Menschen, die nach den Worten des Reformators Johannes Calvin eine Götzenfabrik ist, die sich ständig auf der Suche und in Betrieb befindet. Da kommen dann fernöstliche Religionen und Entspannungstechniken dabei heraus oder kosmische Energie oder der Wunsch nach Selbstverwirklichung oder Freiheit ohne Bindung, usw. In sehr vielen deutschen Haushalten und Gärten findet man Buddha-Statuen.

Und wenn wir Menschen uns dann von solchen Begrifflichkeiten führen und in unseren Entscheidungen lenken lassen, sind wir dem modernen Götzendienst zum Opfer gefallen. Davor will uns Gott, der Vater, der Sohn und der Heilige Geist durch das 2. Gebot bewahren.

Längst bevor das atl. Gottesvolk der Gefahr unterlag, fremde Götzenbilder in sein Leben einzubeziehen, machte es sich ein Bild von seinem eigenen Gott. Mose war schon fast 40 Tage verschwunden. Wenn ihm etwas zugestoßen ist? Wenn er nicht wiederkommt? Was dann? Wie soll es weitergehen? Woher bekommen wir dann echte Führung, die uns die Gewissheit gibt, dass wir auf dem richtigen Wege sind? Wir brauchen ein Bild von Gott, dass uns Sicherheit gibt.

So entsteht das „goldene Kalb", weil sie Gott sichtbar bei sich haben wollten, ein Bild der Kraft, der Fruchtbarkeit und Prunkes. Im Ansehen dieses Bildes wollten sie die Sicherheit haben und festhalten: Gott ist da, er ist mitten unter uns. Ein Bild wollte man haben von Dem, der Israel aus Ägypten geführt hatte, ein Bild, das man immer bei sich haben konnte. „Siehe, Israel, das ist dein Gott, der dich aus Ägypten geführt hat!"

So stellt Aaron das Stierbild vor, das er geschaffen hat, um einen Ort zu haben, der die göttliche Gegenwart ausdrückt. Sehnsucht nach einem Gott zum Anfassen!

„Mach dir kein Bild von Gott – denn Gott sprengt jeden Rahmen!"
Ein erster Gedanke: Warum kein Bild von Gott?
Ein zweiter Gedanke lautet:

2) <u>Gott schützt Sein Anderssein! :/</u>

a) <u>Im Himmel</u>

Als das Volk um das Bild tanzte, das es sich von seinem Gott gemacht hatte, war Mose unterwegs, und in seiner Hand war das Gebot: „Du sollst dir kein Gottesbild machen, weder von dem, was droben <u>im Himmel</u>, noch von dem, was unten <u>auf Erden</u>, noch von dem, was im Wasser <u>unter der Erde</u> ist."
Vers 4

Israel fällt keineswegs zu einem fremden, heidnischen Götzen ab. Es ist etwas viel Unheimlicheres und Gefährlicheres geschehen: Es hat sich Gott zum Götzen gemacht, zu einem Volksmaskottchen, zu einem toten, wirkungslosen und bedeutungslosen Schrumpelgötzchen. Es gestaltet Gott nach seinen Vorstellungen, Wünschen und Sehnsüchten und Bedürfnissen – und erniedrigt Ihn damit zum Götzen, auf den es meint, durch Opfer und Anbetung Einfluss nehmen zu können; zu einem Götzen, von dem es sich auch wieder lossagen kann, wenn Er sich nicht so bewährt hat.

Gott aber lässt sich so etwas nicht gefallen. Er wäre nicht Gott, wenn Er sich zum Götzen machen ließe.
Und Er hätte Sein Volk nicht lieb, würde Er es zulassen, dass es seinen Halt und seine Sicherheit außerhalb von Ihm – Gott selbst – suchen würde!

Darum heißt es so hart und klar hier: „Du sollst dir kein Bild noch Gleichnis machen!"

Und mit dem Verbot eines Bildes <u>vom Himmel</u> versagt Gott dem Menschen alles Eindringenwollen in Gottes Herrschaftsbereich.

Kein Mensch darf vordringen bis zu den Ratschlägen Gottes. Keiner kann und darf sagen: Das ist Gott, so wird er handeln. Keiner darf Tag und Stunde berechnen, in der Gott bestimmt, dass Jesus auf diese Welt zurückkommt. Gottes Handeln bleibt unberechenbar und auch unvorhersehbar. Jesus wird in diese Welt zurückkommen wie ein Dieb in der Nacht. Das 2. Gebot will uns bewahren vor schamlosem Vordringen in die Geheimnisse Gottes.

b) <u>Auf Erden</u>

Mit dem Verbot eines mit <u>der Erde</u> verbundenen Gottesbildes tritt Gott dem Streben des Menschen entgegen, Gottes Wege und Führungen auf Erden in allen Einzelheiten begreifen zu wollen. Keiner kann Gottes Gedanken lesen. Kein Mensch kann und darf voraussagen, was Gott mit Seinen Menschen in diesem irdischen Leben vorhat.

Auch die Nachfolger Jesu können von unerklärbaren Ereignissen übereilt werden. Das Einzige, was ein Christ sagen kann, ist: „Alle Dinge müssen denen, die Gott lieben, zum Besten dienen" (Röm. 8,28). Das 2. Gebot will uns bewahren vor falscher Sicherheit. Es will uns und mir helfen, nicht falschen Propheten und Lebensdeutern zu vertrauen und zum Opfer zu fallen, sondern allein auf Gottes Handeln zu warten.

c) <u>Unter der Erde</u>

Mit dem Verbot des Abbildens dessen, was <u>unter der Erde</u> ist, d. h. in den Urwassern, untersagt Gott dem Menschen das Verbünden mit der Herrschaft Satans und dem Reich der gefallenen Engel. Nach atl. Vorstellung wohnt Satan in einer chaotischen Flut, die unterhalb der Erdoberfläche liegt. (NT = Luftraum)

Das 2. Gebot tritt der großen Versuchung entgegen, „Kraft von unten" zu empfangen. Es wehrt jedem Einbruch Satans und seiner Dämonen. Es will uns vor okkulten Praktiken bewahren, in denen der Mensch unterirdische Kräfte anruft und einsetzt.

In Deutschland glaubt jeder 5. Deutsche an Astrologie und Wahrsager. Das sind ca. 17 Millionen Deutsche. Wir merken daran, wie groß die Sehnsucht nach Sicherheit und Orientierung ist und wie aktuell das   2. Gebot bis heute ist.

„Du sollst dir kein Gottesbild noch irgendein Abbild machen" untersagt dem Gottesvolk das Bild des fremden Gottes: das Liebäugeln mit Begriffen und Vorstellungen, mit Ideologien, vor denen ganze Völker niederfallen. Es verbietet aber auch das Bild vom eigenen Gott: das Vordringenwollen in den Himmel, das Festlegenwollen der Wege Gottes auf Erden und jegliches Verbünden mit den Mächten unter der Erde.

Gott, der Unverfügbare, Freie und Lebendige, lässt sich in kein gegenständliches Bild einfangen!
Er lässt sich in kein goldenes Stierbild verwandeln, Er lässt sich nicht in ein Bild einfangen, das seine Gegenwart garantiert.

Aber Er – Gott – gestattet dem Menschen, Ihm Raum zu schaffen, einen Raum, in dem Er dann, wann Er es bestimmt und will Wohnung nehmen kann. Darum:

„Mach dir kein Bild von Gott – denn Gott sprengt jeden Rahmen!"

Ein erster Gedanke: Warum kein Bild von Gott?

Ein zweiter Gedanke lautet: Gott schützt Sein Anderssein!

Ein dritter Gedanke:

3) Falsche Gottesbilder, die nicht weiterhelfen!

a) Viele Wege führen zu Gott!

Was bei diesem 2. Gebot auffällt, ist, dass Gott „Gefühle" zeigt! Keine falschen Gottesbilder: „Denn ich der HERR, dein Gott, bin ein eifernder Gott!" „Ich ereifere mich und werde eifersüchtig!" Gott zeigt Gefühle! Und Er hat Recht damit! Er hat so viel Gutes für Sein Volk getan, und es ist Ihm trotzdem immer wieder so undankbar und untreu geworden!

„Denn ich bin ein eifersüchtiger Gott." Und diese Eifersucht Gottes hat zwei Seiten, sie zeigt sich in Seinem Zorn und sie zeigt sich in Seiner Gnade! Ich komme im letzten Gedanken darauf noch einmal zu sprechen.

Falsche Gottesbilder, die nicht weiterhelfen! So habe ich diesen dritten Gedanken überschrieben. Und ein falsches Gottesbild ist das, dass Menschen sich Ersatzgötter basteln: Buddha, Manitu, Hirschkuh (Hare Krishna) und Millionen von anderen Göttern z. B. im Hinduismus. „Der Mensch braucht halt (Halt), was hält."

Und es gibt auch in den Kirchen und unter Theologen die Tendenz zu der Ansicht: „In jeder Religion wird Gott angebetet, sie haben nur andere Namen: Allah, Buddha, Manitu, usw."

Eigentlich meinen alle denselben Gott.

Und wenn man dann anfängt, sich auf ein Zitat von Petrus zu berufen, Apg. 4,12: „Und in keinem andern ist das Heil, auch ist kein andrer Name unter dem Himmel den Menschen gegeben, durch den wir sollen gerettet werden," gilt man als Christ gleich als inhuman und intolerant und wird als Fundamentalist bezeichnet. Aber wir bleiben dabei, denn Jesus selbst hat in einem bekannten „Ich-bin-Wort" gesagt: „Ich bin der Weg und die Wahrheit und das Leben; niemand kommt zum Vater denn durch mich (Johannes 14,6)." Jesus hat nicht gesagt: Ich bin *ein* Weg, *eine* Wahrheit und *ein* Leben, *jeder* kommt durch *seinen eigenen Gott* in den Himmel." Eben nicht viele Wege führen zu Gott!

Das ist so ein falsches Gottesbild, das nicht weiterhilft!

b) Angst vor Gott!

Hier ist noch eins, was mir in meinem bisherigen Dienstleben immer wieder begegnet ist: Angst vor Gott! Besonders Christen aus anderen engeren Gemeindeformen haben dieses Bild von Gott in sich getragen. Aber auch Christen, die eine sehr strenge und enge Erziehung genossen – oder soll man besser sagen – erlitten haben! Sie tragen vielleicht von Kindheit an so ein strenges Gottesbild in sich, kommen dann durch die Güte Gottes zum Glauben an Jesus und projizieren das falsche Bild von Gott aus ihrer Kindheit auf den himmlischen Vater. Dann sind sie zwar „fromm" geworden, aber nicht „froh" und gleichen eher dem zweiten verlorenen Sohn aus Lukas 15, aus dem „Gleichnis vom verlorenen Sohn."

Aber es gibt eine „Gute Nachricht" für solche Menschen: dieses falsche und verschrobene und anerzogene Gottesbild kann man loswerden. Man braucht dazu nur ein wenig Geduld und zwei weitere Sachen.

Einmal das regelmäßige Gebet: „Gott, lieber Vater im Himmel, zeige mir, wie Du wirklich bist und wie Du mich siehst." Und zum andern das gezielte Studium in der Bibel, wie Gott wirklich ist, wie Er tickt und welche Wesenszüge Er wirklich hat. So wird das eigene Gottesbild verändert!

Der Apostel Johannes schreibt in seinem 1. Brief, Kap. 4,16-18: „16 Und wir haben erkannt und geglaubt die Liebe, die Gott zu uns hat: Gott ist Liebe; und wer in der Liebe bleibt, der bleibt in Gott und Gott in ihm. 17 Darin ist die Liebe bei uns vollendet, auf dass wir die Zuversicht haben, am Tag des Gerichts; denn wie er ist, so sind auch wir in dieser Welt. 18 Furcht ist nicht in der Liebe, sondern die vollkommene Liebe treibt die Furcht aus. Denn die Furcht rechnet mit Strafe; wer sich aber fürchtet, der ist nicht vollkommen in der Liebe."
Falsche Gottesbilder, die nicht weiterhelfen!

- Viele Wege führen zu Gott und Gott gibt es in jeder Weltanschauung.
- Angst vor Gott.

Und noch ein drittes Gottesbild, das nicht weiterhilft und auch unter Christen – vielleicht besonders den heutigen Christen – weit verbreitet ist.

c) Keine Ehrfurcht vor der Heiligkeit Gottes!
Ist das kein Widerspruch zu dem letzten Gedanken, Angst vor Gott? Nein, aber es ein falsches Gottesbild in die entgegengesetzte Richtung: Gott ist nur Liebe; Er lässt alles durchgehen, Vergebung ist ja Sein Metier. Man braucht Gott nicht mehr zu fürchten.

Was ist dann mit Jesaja? Der in der Gegenwart Gottes verzweifelt ausruft: „Wehe mir, ich vergehe! Denn ich bin unreiner Lippen und wohne unter einem Volk von unreinen Lippen?" Jesaja 6,5

- ❖ Was ist dann mit Daniel, der in Daniel 10 von einer Gotteserscheinung am Strom Tigris berichtet. Und da heißt es: „Aber ich, Daniel, sah dies Gesicht allein, und die Männer, die bei mir waren, sahen's nicht; doch fiel ein großer Schrecken auf sie, sodass sie flohen und sich verkrochen. 8 Ich blieb allein und sah dies große Gesicht. Es blieb aber keine Kraft in mir; jede Farbe wich aus meinem Antlitz und ich hatte keine Kraft mehr. 9 Und ich hörte seine Rede; und während ich sie hörte, sank ich ohnmächtig auf mein Angesicht zur Erde."
- ❖ Was ist dann mit Johannes, der auf der Insel Patmos in einer Vision dem auferstandenen Jesus begegnet und dann sagt: „17 Und als ich ihn sah, fiel ich zu seinen Füßen wie tot …"

Keine Ehrfurcht vor Gott und Seiner Heiligkeit zu haben, ist ebenso ein falsches Gottesbild, wie Angst vor Gott zu haben!

Dagegen steht uns eine Ehrfurcht vor der Heiligkeit Gottes gut zu Gesicht! Sie erklärt sich aus dem Ganz-Anders-Sein Gottes. Gott ist heilig. Wir sind unheilig. Ein theologischer Lehrer vor mir hat sie vor langer Zeit so definiert: „Gottesfurcht ist eine Mischung aus dem Überwältigtsein von der Heiligkeit Gottes und einem Überwältigtsein von der Liebe Gottes!" Ich habe bisher keine bessere Definition gehört und gefunden.

- ⸙ Abba, lieber Vater = das ist die eine Seite!
- ⸙ Wehe mir, ich vergehe, denn ich bin unreiner Lippen und wohne unter einem Volk von unreinen Lippen = das ist die andere Seite!

Diese Spannung müssen wir aushalten, um nicht auf der einen oder anderen Seite von unserem Glaubens-Pferd herunterzufallen!

„Mach dir kein Bild von Gott – denn Gott sprengt jeden Rahmen!"

Ein erster Gedanke: Warum kein Bild von Gott?

Ein zweiter Gedanke lautet: Gott schützt Sein Anderssein!

Ein dritter Gedanke: Falsche Gottesbilder, die nicht weiterhelfen!

Ein vierter und letzter Gedanke:

4) Ein Bild von Gott ist erlaubt – Jesus!

a) Gericht und Gnade!

Wir Menschen sind hoffnungslos religiös und ständig auf der Suche nach Dingen, die uns Halt geben könnten! Wir suchen Führung! Wir suchen Orientierung! Und so entstehen alle möglichen „goldenen Stierbilder" wie Gedanken, Ideologien, Philosophien, Wünsche und Sehnsüchte in unseren Herzen. Wir können Gott auch nicht gefügig machen durch besondere Opfer und fromme Leistungen. Selbst bestimmte Orte oder auch Vorstellungen von Gemeindeformen, mit denen man, wenn man sie hat, denkt, man könnte Gott damit gefügig machen und damit seinen Segen herbeizaubern, führen in die Sackgasse und gleichen mitunter einem „goldenen Stierbild!"

Gott ist anders! Darum: „Mach dir kein Bild von Gott – denn Gott sprengt jeden Rahmen!"

- Das 2. Gebot will uns davor bewahren, dass wir uns einmauern lassen in irgendwelche theologischen Gedankengebäude darüber, wie Gott ist und wie Er nach unseren Vorstellungen sein oder sich verhalten sollte.

- Das 2. Gebot will uns davor bewahren, aus Gott einen toten Götzen oder einen Streitgegenstand zu machen.

Das alles sind Irrwege und ruft Gottes Gefühle auf den Plan! „Mach dir kein Bild von mir. Bete diese falschen Götter nicht an und diene ihnen nicht!"

Stattdessen will Gott uns einladen, zu Ihm zu rufen und alles von Ihm zu erwarten und nur Ihm zu vertrauen! Wie wir Menschen uns entscheiden, hat Auswirkungen und Folgen auf Generationen, auf Kinder und Kindeskinder. Verse 5 – 6 lesen …

„Denn ich bin ein eifersüchtiger Gott." – Und die „Eifersucht Gottes" hat zwei Seiten, einmal Seinen Zorn und zum andern Seine Bundestreue und Gnade.

Gottes Zorn, d. h. Sein Gericht, trifft die Familie in der Generationenfolge, wie sie in einem Haus in einer Sippe zusammenlebt. Wo ein Vater, der Repräsentant seiner Familie, Gott an die zweite Stelle setzt – „hassen" heißt im AT+NT „an die zweite Stelle setzen" – wird die gesamte Familie mit hineingezogen und steht unter Gottes Zorngericht. „Hassen" bedeutet so viel wie Gott in die Reihe anderer Gottesbilder eingliedern zu wollen, an zweite, dritte oder – wie in Samaria (7 Götter der Assyrer) – an achte Stelle setzen. Wo dieser Liebesentzug der ersten und einzigen Liebe eintritt, trifft Gottes unbarmherzige Heimsuchung das ganze Geschlecht, das dem Weg des Vaters folgte.

Weit umfassender jedoch als Gottes Zorn ist Seine Gnade, Seine Treue, die Er in Seinem Bund zu Seinem Volk der Glaubenden unter Beweis stellt! Sie gilt denen, die in ausschließlicher Liebe Gott angehören und keinem Gottesbild verfallen. Ihr Kreis beschränkt sich nicht auf die Sippe, sondern zieht Segensspuren „auf Tausende hinaus".

Der Urtext spricht an dieser Stelle nicht von einer Generationenfolge innerhalb einer Familie, sondern von dem Ausfließen der Bundestreue in einen Kreis, der unübersehbar ist und der Tausende umfasst.

b) <u>Wer mich sieht, der sieht den Vater!</u>

Damit bin ich beim wichtigsten und schönsten Teil meiner Predigt angekommen, bei Jesus, der einmal von sich und zu Philippus gesagt hat: „Wer mich sieht, der sieht den Vater" (Joh. 14,8).

In Jesus kommt beides zusammen: Gericht und Gnade! Im gekreuzigten Jesus richtet Gott die Sünde und begnadigt den Sünder! In Jesus <u>bleibt</u> und <u>ist</u> das Angebot Gottes bestätigt: „Ich werde für euch da sein!" Am Bild Jesu können wir also unser Gottesbild gewinnen, das einzige, gültige, das Gebot erfüllende und zum Segen werden lassende Gottesbild.

„Er – Gott – geht einen Weg, der uns nicht zusagt, einen fremden, den heiligen Weg ans Kreuz. Er selbst setzt für den Abfall des Volkes das Leben ein, und um seinetwillen vergibt Gott. In diesem Mann am Kreuz hat Gott Sein Angesicht dem Volke zugewendet. Ein fremdes Angesicht, ein „Haupt voll Blut und Wunden", hat der Schweizer Pfarrer Walther Lüthi in Seiner Auslegung der Gebote dazu geschrieben.

So, auf diese Art und Weise, so einzigartig, so unvergleichlich, hat uns Gott geliebt. Darum: „Lasst uns Ihn zurück lieben, denn Er hat uns zuerst geliebt." Und wir lieben Gott dadurch, dass wir uns von allen anderen Göttern – Krücken und Stützen – verabschieden und uns von ganzem Herzen dafür entscheiden, Gott allein zu lieben, Ihm allein zu vertrauen und Sein gutes Wort zu halten, zu bewachen und zu bewahren! :/

So lieben wir Gott! So bringen wir Ihm die Ehrerbietung entgegen, die Ihm zusteht, die Ihm gebührt und über die Er sich freut!

c) <u>Segen in Fülle!</u>

Und das hat ungeahnte Folgen und Segnungen zur Folge! Das Wort vom strafenden und richtenden Gott ist eben nicht das letzte Wort!

Das letzte Wort heißt Barmherzigkeit!

- <u>Barmherzigkeit für alle,</u> die sich auf Gottes Gebot einlassen.
- <u>Barmherzigkeit für alle,</u> die sich durch die mahnende Kraft dieses Wortes und 2. Gebotes wieder unter das Kreuz Christi haben bringen lassen.
- <u>Barmherzigkeit für alle,</u> die so Vergebung für ihren falschen Gottesdienst, für ihren christlichen Götzendienst erlangten.
- <u>Barmherzigkeit für alle,</u> die nun ihren Weg ohne falsche Sicherungen gehen im Vertrauen auf Den, der als ihr HERR das Sagen, aber auch das Sorgen hat, in der Erwartung der Leitung wie auch immer durch Den, der gestern und heute und in alle Ewigkeit derselbe ist: der Befreier, der Erlöser, der Barmherzige – Jesus Christus, der uns in das Gelobte Land der Verheißung bringt.

d) <u>Zusammenfassung</u>

„Mach dir kein Bild von Gott – denn Gott sprengt jeden Rahmen!"

Ein erster Gedanke:	Warum kein Bild von Gott?
Ein zweiter Gedanke lautet:	Gott schützt Sein Anderssein!
Ein dritter Gedanke:	Falsche Gottesbilder, die nicht weiterhelfen!
Ein vierter und letzter Gedanke:	Ein Bild von Gott ist erlaubt – Jesus!

Lasst uns mal aufstehen –als Bekenntnis – und zum Schluss auf Hebräer 1,1-4 hören: „1 Nachdem Gott vorzeiten vielfach und auf vielerlei Weise geredet hat zu den Vätern durch die Propheten, 2 hat er zuletzt in diesen Tagen zu uns geredet durch den Sohn, den er eingesetzt hat zum Erben über alles, durch den er auch die Welten gemacht hat. 3 Er ist der Abglanz seiner Herrlichkeit und das Ebenbild seines Wesens und trägt alle Dinge mit seinem kräftigen Wort und hat vollbracht die Reinigung von den Sünden und hat sich gesetzt zur Rechten der Majestät in der Höhe 4 und ist so viel höher geworden als die Engel, wie der Name, den er ererbt hat, höher ist als ihr Name."

Amen!

4. 2. Mose 20,7 + 5. Mose 5,11 – Du sollst den Namen des HERRN, deines Gottes nicht missbrauchen! (3. Gebot)

a) <u>Einstieg:</u>

„Du sollst den Namen des HERRN, deines Gottes, nicht missbrauchen; denn der HERR wird den nicht ungestraft lassen, der seinen Namen missbraucht" (2. Mose 20,7 + 5. Mose 5,11), so steht es im 3. Gebot, und darum soll es heute Morgen in der Predigt gehen. Noch einmal ……

Martin Luther hat dazu in seinem kleinen Katechismus gefragt: Was ist das? Und er hat folgende Antwort gegeben: Wir sollen Gott fürchten und lieben, dass wir bei seinem Namen nicht fluchen, schwören, zaubern, lügen oder trügen, sondern denselben in allen Nöten anrufen, beten, loben und danken. – Damit ist eigentlich alles gesagt und wir könnten dazu jetzt eigentlich Amen sagen und nach Hause gehen.

Interessant ist auch die Antwort des Heidelberger Katechismus. Das sind ja die reformierten Kirchen, zu denen auch die evangelischen Freikirchen gehören, und damit auch wir im Bund FeG. Auf die Frage: Was will das 3. Gebot steht als Antwort: Dass wir nicht allein mit Fluchen oder mit falschem Eide, sondern auch mit unnötigem Schwören den Namen Gottes nicht lästern oder missbrauchen, noch uns mit unserm Stillschweigen und Zusehen solcher schrecklichen Sünden teilhaftig machen. Und in Summa, dass wir den heiligen Namen Gottes anders nicht, denn mit Furcht und Ehrerbietung gebrauchen, auf dass er von uns recht bekannt, angerufen und in allen unsern Worten und Werken gepriesen werde.

b) Beispiel 1089 (Quelle: Schäfer, Band 3, In Bildern reden)

Da trifft ein Pfarrer einen Motorradfahrer, dessen Maschine nicht anspringt, so dass er gottserbärmlich flucht. Darauf der Pfarrer: „Fluchen Sie doch nicht so schrecklich, Mann! Sagen Sie ‚Mit Gott', und dann wird es schon gehen."
– „Ich kanns ja mal ausprobieren", meint der Mann ohne Hoffnung, tritt auf den Starter, sagt „Mit Gott", und siehe da, der Motor springt an.
„Verdammt noch mal", ruft der Pfarrer, „das hätte ich nicht gedacht!"

c) Thema

„Du sollst den Namen des HERRN, deines Gottes nicht missbrauchen", das ist das Thema dazu.

„Missbrauchen" heißt wörtlich: nicht etwas zu Nichtigem, Falschem und Lügenhaftem aussprechen (EFB). Martin Buber hat das so aus dem Hebräischen übertragen: Trage nicht Seinen Namen auf das Wahnhafte. Tasten wir uns mal ran an dieses 3. Gebot.

„Du sollst den Namen des HERRN, deines Gottes nicht missbrauchen!"
Drei Gedanken dazu:

1. Der Name Gottes – kein Name wie jeder andere!
2. Was bedeutet der Missbrauch des Namens Gottes?
3. Wie kann man stattdessen den Namen Gottes ehren?

Das möchte ich jetzt in der Predigt ausführen.
„Du sollst den Namen des HERRN, deines Gottes nicht missbrauchen!"
Erster Gedanke:

1) Der Name Gottes – kein Name wie jeder andere!

a) Warum das 3. Gebot?

Zunächst einmal ist es verwunderlich, dass man so etwas wie das 3. Gebot „frommen Leuten" sagen muss! Was steckt dahinter? Was ist damit gemeint? Wovor will Gott Sein Volk bewahren, indem Er ihm diese Grenze zieht?

Wahrscheinlich steht auch der Gedanke dahinter, dass ein Name ein Machtmittel sein kann. Als Mose von Gott berufen wird und den Auftrag bekommt, Israel aus Ägypten herauszuführen, braucht er Rückendeckung. Denn rein menschlich gesehen ist das ihm sowohl im Blick auf Israel als auch im Blick auf den ägyptischen Pharao undurchführbar. Das schafft er nie aus eigener Kraft. Darum fragt er Gott in seiner Berufungsgeschichte: „Wie heißt Du?" Er fragt das nicht, damit er genau weiß, mit wem er es zu tun hat. Er will den Namen wissen, um ihn im entscheidenden Augenblick einzusetzen.

Denn mit dem Namen verfügt man über die Person und damit über die Macht des Namensträgers. Der Name öffnet einem den Zugang zu gewaltigen Möglichkeiten! Das ist schon bei der Berufung auf menschliche Namen so – wieviel mehr dann bei der Berufung auf den göttlichen Namen! Darum fragt Mose also hier: um ein Machtmittel in die Hand zu bekommen für die Befreiung Israels – denn schließlich kann Gott Seinen eigenen Namen nicht entwerten.

b) Kein Name wie jeder andere!

Der Name Gottes – kein Name wie jeder andere! Der Name Gottes ist etwas ganz Besonderes! Es ist kein Name wie Müller, Meyer oder Schulze.

Der Name Gottes bezeichnet nicht eine Person mit einer in sich ruhenden Eigenexistenz, sondern er spricht jeweils ein Gemeinschaftserlebnis an, das sich zwischen Gott und dem Menschen ereignet.

In der hebräischen Sprache des AT gibt es 2 Gottesnamen, die sehr oft vorkommen: Elohim und Jahwe. Sie werden in der Regel übersetzt mit Gott und Herr.

- Elohim kommt ca. 2.600mal vor, und Elohim wird Gott immer dann genannt, wenn es um die Schöpfung der Gesamtkreatur und um die Vollendung aller Dinge geht. Gott, Elohim, schuf den Menschen und seine Welt und wird beide in seinen Händen behalten bis zur Vollendung.
- Jahwe kommt ca. 6.800mal im AT vor und bezeichnet Gott als den Erlöser, den Mittler der Erlösung durch Sünde und Zorn hindurch. Jahwe, der HERR; wird alles dafür einsetzen, dass nicht Sünde und Zorn, sondern Sein Erlösungsangebot das Geschick des Menschen entscheidet.

Der Mensch kann Gott erfahren als Schutz, Schild, als Zufluchtsort, als den guten Hirten, den rechten Weinstock, als das Brot des Lebens und als den Weg, die Wahrheit und das Leben. Und das erfährt auch Mose in der Stunde seiner Berufung: Gottes Name ist ein Gemeinschaftsname. Als er fragt: „Wie ist dein Name?" bekommt er die Antwort: „Ich bin, der ich bin." Martin Buber übersetzt hier wörtlich: „Ich werde für euch da sein", d. h., ich begleite euch durch eure ganze Geschichte. Ich bin der Nahe! Ich werde eingreifen! Ich gehe mit! Ich bleibe bei euch bis an der Welt Ende!

c) <u>Jesus Christus!</u>

Und damit sind wir bei Jesus und im NT angekommen! Beide Gottesnamen – Elohim und Jahwe – fließen zusammen in dem Namen Jesus Christus. Jesus, der Heiland der Welt, ist der Retter der Menschen. In Seinem „Namen" allein liegt das Heil, und Christus bringt in das Verhältnis zwischen Gott und Menschen die alles überstrahlende Siegesherrlichkeit Gottes.

So stehts auch in der Apg. 4,12: „Und in keinem andern ist das Heil, auch ist kein andrer Name unter dem Himmel den Menschen gegeben, durch den wir sollen selig / gerettet werden."
Die Gottesnamen sind auf „Gemeinschaft" angelegt. Besonders deutlich wird das in den Ich-bin-Worten im Munde Gottes im Alten und im Munde Jesu im Neuen Testament. Diese Namen „Elohim", „Jahwe" und „Jesus Christus" sprechen jeweils etwas aus, das im Leben eines Menschen dann – wenn ihn dieses Wort trifft und es wahr sein lässt – Wirklichkeit wird.

Da, wo uns was fehlt, da, wo wir in einer Notlage sind, da, wo wir Mangel empfinden, werden diese Namen zur persönlichen Erfahrung.
Das Anrufen dieser Namen wird uns dann zur entscheidenden Hilfe!

Gott ist der Gott, dem es auf die Gemeinschaft mit uns ankommt!
„31 Darum haltet meine Gebote und tut danach; ich bin der HERR. 32 Entweiht nicht meinen heiligen Namen, damit ich geheiligt werde unter den Israeliten; ich bin der HERR, der euch heiligt, 33 der euch aus Ägyptenland geführt hat, um euer Gott zu sein. Ich bin der HERR", so steht es in 3. Mose 22,31-33.

„Du sollst den Namen des HERRN, deines Gottes nicht missbrauchen!"
Der Name Gottes ist eben kein Name wie jeder andere!

Das bedeutet dann auch: Gott ist nicht festlegbar auf ein bestimmtes Sein. Keiner kann über Ihn verfügen, keiner kann Ihn mit einem Namen auf eine bestimmte Seinsform festlegen oder auch Ihm Vorschriften machen im Blick auf Sein souveränes Handeln. Wer das versucht, macht aus dem Gemeinschaftsnamen Gottes einen Eigennamen und missbraucht damit den Namen Gottes.

„Du sollst den Namen des HERRN, deines Gottes nicht missbrauchen!"
Erster Gedanke: Der Name Gottes – kein Name wie jeder andere!
Ein zweiter Gedanke:

2) Der Missbrauch des Namens Gottes! :/

a) Gedankenlosigkeit

Jetzt wird es konkret und praktisch. Was bedeutet der Missbrauch des Namens Gottes? Hier ein paar Beispiele.

„Du sollst den Namen des HERRN, deines Gottes nicht missbrauchen!"

Da ist zunächst die Gedankenlosigkeit. Da wird der Name Gottes einfach so ausgesprochen, z. B., wenn man sich erschreckt oder irgendetwas beteuern will: „Ach, du lieber Gott" oder „ach Gott ach Gott" oder „ach Gottchen". Das ist so schnell dahingesagt, ist aber im Grunde ein Rufen nach Gott, ohne mit Gott in Beziehung treten zu wollen. Bei Christen findet man diese Art des Missbrauchs von Gottes Namen eher nicht, wohl aber bei Nichtchristen. Ich habe das oft gehört von Nichtchristen.

b) Ignoranz Gottes

Dicht daneben steht eine andere Form des Missbrauchs des Namens Gottes, die zunächst gar nicht so auffällt. Es ist das völlige Ignorieren Gottes.
Gott, der angerufen werden will, und Jesus, der auf unsere Bitten wartet, werden überhaupt nicht mehr genannt.

Der Mensch lebt so, als ob es Gott gar nicht gäbe. Der Mensch von heute hat „vergessen", dass er „Gott vergessen hat"!
Das Überhaupt-nicht-Nennen des Namens Gottes zählt ebenso zum Missbrauch des Gottesnamens wie das Rufen Gottes, ohne Gott, den Lebendigen, um Sein Eingreifen zu bitten oder ihn anzubeten.

„Du sollst den Namen des HERRN, deines Gottes nicht missbrauchen!"

c) Gott als Wünscheerfüller

Dazu gehört weiter, dass man den Namen Gottes auch missbrauchen kann als Wünsche-Erfüller-Gott. Überall da, wo Menschen den Namen Gottes gebrauchen, um menschliche Wünsche und Absichten durchzusetzen, liegt ein Missbrauch des Namens Gottes vor. Gott lässt sich nicht manipulieren und ist auch kein Kaugummi-Automat, der sich vor unseren Karren spannen lässt. Wir werfen oben unsere Wünsche rein und unten kommt dann die entsprechende Antwort raus. Gott ist nicht dazu da, um unsere Wünsche und Bedürfnisse zu befriedigen. Gott erhört keine Gebete um Wunder und Heilungen, die allein um unsertwillen geschehen sollen, so nach der Weise: „HERR, bring das bitte in Ordnung, du kannst das schon." Das wäre so eine Art magischer Gebrauch des Gottesnamens.

Es gibt da so ein Beispiel aus der Apostelgeschichte. Da gab es einen Magier namens Simon (Apg. 8). Es war schwer was los damals in Samaria.

Wir nennen das Erweckung. Viele kamen zum Glauben, viele Menschen wurden ihre Belastungen und Gebundenheiten los. Viele wurden von ihren Krankheiten geheilt. Und der Zauberer und Magier Simon bot den Aposteln Geld an, um auch diese Fähigkeiten zu bekommen. Aber so etwas funktioniert nicht.

Simon der Magier hat zu allen Zeiten Nachahmer gefunden. So erzählt die französische Malerin und Grafikerin Marie Françoise Gilot, die mal von 1943 bis 1953 mit dem spanischen Maler Pablo Picasso leiert war, in ihren Erinnerungen, dass Picasso, als er mit ihr eine spanische Kirche besichtigte, sie plötzlich vor einen Seitenaltar zerrte und von ihr verlangte, dass sie ihm ewige Treue schwören sollte. Picasso versuchte im Sinn der Magie, Gottes Namen zum Schwören zu missbrauchen.

Natürlich stimmt auch das andere, was in Ps 66,20 steht: „Gelobt sei Gott, der mein Gebet nicht verwirft noch seine Güte von mir wendet." – Ihr wisst, was ich meine?!

Aber auch wir Glaubenden können manchmal mit unseren Gebeten danebenliegen in der Weise, dass wir wollen, dass Gott irgendwie mitspielt, irgendwie, irgendwann, was unsere Wünsche und Bedürfnisse angeht. Dann ist nicht der Wille Gottes entscheidend, sondern der Wunsch steht als Vater des Gedankens im Mittelpunkt. Und Gott soll gefälligst mitmachen.

Und vor dieser großen Versuchung will uns das 3. Gebot bewahren, vor dieser vertrauenslosen Selbstsicherung im frommen Gewande! Was da nicht alles als Wille Gottes ausgegeben wird!

Ein wichtiges Merkmal der Unterscheidung – und auch gleichzeitig eine Hilfe – ist die Frage, ob das, was wir wollen, irgendwie mit den Aussagen der Bibel übereinstimmt oder damit vielleicht eher kollidiert.

„Du sollst den Namen des HERRN, deines Gottes nicht missbrauchen!"
Wir haben uns mit einigen Beispielen beschäftigt, wie dieser Missbrauch aussehen könnte:

- ❖ Gedankenlosigkeit … oder
- ❖ Ignoranz Gottes … oder
- ❖ Gott als Wünsche-Erfüller

d) Okkulte Praktiken

Der erschreckendste Missbrauch des Namens Gottes, sind okkulte Praktiken, ist die Anrufung des Namens Gottes als des Vaters, als des Sohnes und des Heiligen Geistes. Man kann das auch Besprechen nennen. Das ist ein satanischer Missbrauch, der Gott anruft bei Zauber, Besprechungen und anderen okkulten Praktiken. Und manchmal hilft es sogar und Besserung tritt ein bei Krankheitsverläufen, usw.

Aber hier wird die Quelle verwechselt. Die Hilfe kommt nicht von Gott, sondern von der anderen Seite, vom Teufel und seinem Gefolge. Und darum meinen viele, das kann doch nicht schlecht sein, es hilft doch.

Aber wer sich darauf einlässt, läuft Gefahr, unter eine Belastung zu kommen, die es ihm schwermacht, an Gott zu glauben. Aber auch hier ist Hilfe möglich, wenn man sie wirklich sucht. Man kann diesen Spuk loswerden durch ein Gebet der Absage von diesen dunklen Mächten und gleichzeitiger Hingabe an den einen wahren Gott und seinen Sohn Jesus Christus!

„Du sollst den Namen des HERRN, deines Gottes nicht missbrauchen!"

Wir haben uns mit einigen Beispielen beschäftigt, wie dieser Missbrauch aussehen könnte:

- ❖ Gedankenlosigkeit … oder
- ❖ Ignoranz Gottes … oder
- ❖ Gott als Wünsche-Erfüller … und
- ❖ Okkulte Praktiken.

„Du sollst den Namen des HERRN, deines Gottes nicht missbrauchen!"

Erstens: Der Name Gottes – kein Name wie jeder andere!

Zweitens: Der Missbrauch des Namens Gottes!

Und schließlich ein dritter und letzter Gedanke:

3) Gottes Namen ehren! :/

a) Sein Wort ernstnehmen und tun, was Er sagt!

Wie schön, dass dieses Verbot – Du sollst den Namen des HERRN, deines Gottes nicht missbrauchen – gleichzeitig auch die Chance beinhaltet, den Namen Gottes richtig zu gebrauchen, d. h. ihn zu ehren! Darüber noch ein paar Gedanken zum Abschluss. Es gibt eben auch den rechten Gebrauch des göttlichen Namens. Gott kommt auf uns zu! Ja, noch mehr, Er gibt Seinen Namen preis in Seinem Sohn Jesus Christus und Er ermutigt uns, diesen Namen anzurufen.

Denn in Jesus Christus kommen „Elohim" und „Jahwe" zusammen. In „Elohim" hat Er uns geschaffen und wird uns erhalten. Und in „Jahwe" hat Er uns befreit und gerettet. Hier erfahren wir, was Vergebung ist, und was es bedeutet, neu anfangen zu dürfen. Hier – in diesem Namen – werden wir mit vielen Gebetserhörungen beschenkt.

Und die höchste aller Gaben, die im Namen Jesu erbeten werden kann, ist nicht die Befreiung von Sorgen, von Zweifel, von Not und Anfechtung, ist auch nicht der Empfang von Segen, von Erfolg, von Ansehen und Einfluss, sondern die Gabe des Heiligen Geistes, die Gabe des kindlichen und vertrauensvollen Geistes, der in allen Dingen „Abba, lieber Vater" ruft.

Von daher bekommt alles in dieser Welt einen anderen Charakter. Unser ganzes Leben wird in ein neues Licht getaucht. Nun entdecken wir, dass die Bitten, dass Gottes Reich komme und Sein Wille geschehe im Himmel und auf Erden nicht nur hier und heute wahrwerden können, sondern auch in der neuen Welt Gottes auf einer neuen Erde und unter einem neuen Himmel kommen werden. Dafür können und sollen wir beten im Namen Gottes und im Namen Jesu.

Und das beinhaltet auch, dass man Sein Wort ernstnimmt und dass man tut, was Er sagt! Jesus hat mal zu Seinen Jüngern gesagt: „Was nennt ihr mich aber Herr, Herr, und tut nicht, was ich euch sage?" Lukas 6,46

Den Namen des HERRN ehren – im Sinne von recht gebrauchen – heißt: Tun, was Er sagt! An anderer Stelle im Joh.-Evang. hat Jesus mal gesagt: „Wer mich liebt, der wird mein Wort halten; und mein Vater wird ihn lieben, und wir werden zu ihm kommen und Wohnung bei ihm nehmen." Joh. 14,23

Das Leben des Menschen mit Gott vollzieht sich im ständig neuen Vertrauensgehorsam. Der Glaubende fragt in wachsendem Vertrauen: „Gott, was willst du, dass ich tun soll? Was hast du vor? Wie willst du mich führen?"
Gottes Namen ehren! heißt: <u>Sein Wort ernst nehmen und tun, was Er sagt!</u>

b) Beten in Seinem Namen und in Seinem Sinn!

Und es heißt auch: Beten in Seinem Namen und in Seinem Sinn!

Das ist interessant, finde ich. Gott lädt uns durch Jesus ein, Seinen Namen recht zu gebrauchen, wenn die Bibel in Apg. 4,12 sagt: „Es ist in keinem andern Heil, ist auch kein anderer Name unter dem Himmel den Menschen gegeben, darin sie sollen gerettet werden."

Die Rettung eines Menschen beginnt in der Stunde seiner Entscheidung für Jesus. Seit der Alten Kirche gibt es für diese Stunde ein Absage – und Übergabegebet, das so lautet: „Ich sage ab dem Teufel und allen seinen Mächten und übergebe mich dir, Jesus. Jesus, sei du mein Herr."

Für den, der so den Namen Jesu anruft, beginnt ein Leben in der Gemeinschaft mit Jesus, dem Sohn, mit Gott, dem Vater, und dem Heiligen Geist, dem Tröster und Erhalter. Römer 10,13: „ Denn »wer den Namen des Herrn anrufen wird, soll gerettet werden« (Joel 3,5).

Rettung ist das eine. Die Bewahrung des Menschen im Glauben ist das andere und geschieht auch durch das immer erneute Anrufen des Namens Gottes. Das Gebet ist Antwort auf Gottes Anrede. Jesus selbst macht uns viel Mut dazu, wenn Er sagt: „Was ihr bitten werdet in meinem Namen, das will ich tun!" Joh. 14,13-14

Wer den Namen Gottes, des Vaters, den Namen Jesu Christi, des Sohnes, und den Heiligen Geist mit dem Namen Tröster und Ermahner anruft, der gebraucht den Namen Gottes in rechter Weise zu seinem Heil.

Weil er dadurch in ein lebendiges Gemeinschaftsverhältnis zu Gott eintritt und dadurch Rettung, Bewahrung, Leben und Zukunft empfängt bis in alle Ewigkeit. Das gefällt Gott, wenn Kinder Gottes in dieser Weise Seinen Namen gebrauchen.

c) <u>Beispiel 1074 (Quelle: Band 3, Schäfer, In Bildern reden)</u>

Der Leuchtturm, an dem sich der Kapitän orientiert, steht außerhalb des Schiffes. Er bleibt dort auch stehen. Er weicht keinen Schritt zur Seite, auch wenn Sturm und Wellen das Schiff noch so weit von ihm wegtreiben. Nur in dieser absoluten Standfestigkeit ermöglicht er hilfreiche Orientierung. So ist es auch mit den Geboten Gottes. Sie haben ihre Verankerung in Gottes Ewigkeit. Sie haben absolute Gültigkeit. Sie sind nicht unsere Produkte. Wir können sie deshalb auch nicht willkürlich verrücken. (Ulrich Parzany)

„Du sollst den Namen des HERRN, deines Gottes nicht missbrauchen!"

Erstens: Der Name Gottes – kein Name wie jeder andere!

Zweitens: Der Missbrauch des Namens Gottes!

Drittens: Gottes Namen ehren!

Darum ging es heute.

Das Gebot „Du sollst den Namen des HERRN, deines Gottes nicht missbrauchen!" ist zugleich die große Einladung Gottes zum rechten Gebrauch seines Namens, des Namens Gottes, der Gemeinschaft stiftet und erhält. Und diese Gemeinschaft beginnt, wo ein Mensch betet: „Herr Jesus, dir leb ich, Herr Jesus, dir sterb ich. Dein bin ich ewig, tot und lebendig, mach mich, o Jesu, ewig selig. Amen."

5. 2. Mose 20,8-11 + 5. Mose 5,12-14 – Du sollst den Feiertag heiligen! (4. Gebot)

a) <u>Einstieg und Hinführung:</u>

Guten Morgen, freut mich, Euch zu sehen. Ihr macht gerade eine Reihe über die 10 Gebote, das finde ich gut. Und ich bin gefragt worden, ob ich etwas über das 4. Gebot sagen könnte. Mach ich gern.

Ich lese uns dazu mal aus 2. Mose 20, die Verse 8-11. „Gedenke des Sabbattages, dass du ihn heiligst", so steht es da in Vers 8. Und ich nenne das Thema meiner Predigt: „Du sollst den Feiertag heiligen!"

Ich habe ein Buch in meinem Bücherschrank mit dem Titel „In Freiheit leben." Geschrieben von Dr. Hansjörg Bräumer, der jahrelang Vorsteher der Lobetalarbeit in Celle gewesen ist. „In Freiheit leben?" Ist das nicht ein Widerspruch in sich selbst? Sind Gebote nicht etwas Einengendes, etwas, was uns gerade unsere Freiheit raubt und uns an unserer Selbstverwirklichung hindert?

Genau das Gegenteil ist der Fall. Hansjörg Bräumer meint dazu: „Das Leben nach den Geboten versetzt den Jünger in eine königliche Freiheit und bewahrt ihn vor dem Diktat der Umwelt und des Bösen." – Ich finde, er hat Recht. Jesus hat mal gesagt: „Ihr werdet die Wahrheit erkennen, und die Wahrheit wird euch freimachen." Joh. 8. Und dann fährt Er fort: „Wenn nun der Sohn euch frei machen wird, so werdet ihr wirklich frei sein." – Es gibt keine Freiheit in sich selbst und in uns selbst! Aus dem einfachen Grund: Wir sind nicht so konstruiert! Wir sind nicht so geschaffen, dass wir „in uns selbst" frei sein können.

Freiheit gibt es nur, wenn wir unser Leben an Jesus verlieren und an Jesus binden! Durch Jesus sind wir frei geworden vom „Gesetz der Sünde und des Todes!"

So sagt es Paulus in Römer 8,2: "Denn das Gesetz des Geistes des Lebens in Christus Jesus hat dich freigemacht von dem Gesetz der Sünde und des Todes."

Es ist wie beim Fliegen. Das Gesetz der Schwerkraft, ist ein Problem beim Fliegen, denn dieses Gesetz hält z. B. einen Hubschrauber am Boden". Aber jeder Pilot weiß: "Es gibt noch ein zweites Gesetz, das Gesetz der Aerodynamik. Und dieses Gesetz kann das Gesetz der Schwerkraft überwinden." Und plötzlich fliegst du. Und fliegst plötzlich nicht mehr runter, sondern rauf. Das heißt: Das Gesetz der Schwerkraft wurde überwunden durch das Gesetz der Aerodynamik. Nun, in der Bibel haben wir genau dasselbe. Wir haben das Gesetz des Todes und das Gesetz des Geistes. In Römer 8, 2 sagt Paulus folgendes: "Denn das Gesetz des Geistes des Lebens in Christus Jesus hat dich freigemacht von dem Gesetz der Sünde und des Todes."

Du bist jetzt Aerodynamiker. Du kannst das Gesetz überwinden und du musst auch nicht mehr sündigen! Darf ich das noch mit einem anderen Paulussatz begründen: 2.Korinther 3, 17-18: "Der Herr aber ist der Geist; wo aber der Geist des Herrn ist, ist Freiheit. Nun aber schauen wir alle mit aufgedecktem Angesicht die Herrlichkeit des Herrn an wie in einem Spiegel, und wir werden so verklärt / verwandelt in sein Bild von einer Herrlichkeit zur andern von dem Herrn, der der Geist ist." Hier steht nicht: "Wir sind verwandelt worden am Tag unserer Wiedergeburt." Hier steht auch nicht: "Wir werden einmal verwandelt werden, wenn wir im Himmel sind."

Hier steht: "...wir werden..." - Gegenwart - "...verwandelt von einer Herrlichkeit zur anderen."

Das ist ein Prozess. Du lebst als Christ in einem Prozess. Du bist nicht perfekt vom Tag deiner Wiedergeburt an. Das ist ein Prozess des Lebens mit Jesus Christus. Und da musst du geduldig sein, genauso wie Jesus Christus geduldig ist mit dir. Und darum einerseits: Sei dir bewusst, die Sünde und das Gesetz haben keinen Anspruch mehr auf dich. Du bist frei nicht mehr zu sündigen. Andererseits: Lass dich nicht niederschlagen von der Tatsache, dass du manchmal dennoch sündigst.

Und da können die 10 Gebote eine unschätzbare Hilfe sein. Denn sie geben uns Orientierung im Blick auf den Willen Gottes. Von den 10 Geboten regeln 4 Gebote unsere Beziehung zu Gott und 6 Gebote regeln unsere Beziehung zu anderen Menschen.

10 große Freiheiten, die die Beziehung zu Gott und den Mitmenschen regeln sollen! Charles de Gaulle soll gesagt haben: „Die 10 Gebote sind deshalb so knapp und präzise, weil Gott darauf verzichtet hat, ein Komitee einzuberufen."

Wusstet ihr, dass die 10 Gebote 273 Wörter enthalten, die amerikanische Unabhängigkeitserklärung 300 Wörter, und die Verordnung der Europäischen Union über den Import von Karamellbonbons hat exakt 25.911 Wörter.

So viel mal als Einleitung und Anmarschweg zum Thema heute: „Du sollst den Feiertag heiligen!" – Und ich möchte euch 3 Gedanken dazu weitergeben:

1. Der Sabbat im AT!
2. Aus Samstag wird Sonntag!
3. Sonntagsheiligung praktisch!

„Du sollst den Feiertag heiligen!"   Erstens:

1) Der Sabbat im AT!

a) Bekenntnis der Befreiung des Volkes Gottes durch Jahwe aus Ägypten 5. Mose 5,15!

Wie aktuell doch die Bibel ist, auch schon im AT! Sabbat heißt übersetzt „aufhören" und „ausruhen", völliges Einstellen von Arbeit. Es ist so, dass Gott uns einen Ruhetag verordnet. Es ist, als würde Er uns sagen: „Du Mensch, ich weiß, dass deine Kräfte begrenzt sind und du Ruhe brauchst. Gönn dir diese Ruhe! Genieße sie! Sie wird dir gut tun!" Das kann man bis heute in Israel noch sehr gut beobachten. Am Freitagabend um 18.00 Uhr lassen glaubende Juden alles stehn und liegen und nehmen auch keine Arbeit mit nach Hause, weil sie dieses Gebot sehr ernst nehmen. Und das halten sie dann 24 Stunden durch bis zum Samstag um 18.00 Uhr.

Was für ein wohltuendes Evangelium für Menschen im Jahr 2022! „Gedenke des Sabbattages, dass du ihn heiligst." – „Gedenke des Sabbattages …" Woran sollen sie denken? Das Sabbatgebot hat für das Volk Israel insgesamt 5 Bedeutungen.

1. Bedeutung: Bekenntnis der Befreiung des Volkes Gottes durch Jahwe aus Ägypten, 5. Mose 5,15! Jeder 7. Tag soll Israel daran erinnern, dass sein Gott ein Befreier ist, der mit harten Sklavenhaltern fertig wurde und der allen Machthabern gewachsen sein wird, die sein Volk drangsalieren wollen.

b) Freude an der Schöpfung Gottes (2. Mose 20,11)!

Das ist das Zweite, woran sie denken sollen. 2. Bedeutung: Freude an der Schöpfung Gottes (2. Mose 20,11)

Der Ruhetag soll den Menschen darauf hinweisen, dass er in eine Welt hineingestellt wurde, die mit allem Nötigen und vielem Schönen reichlich ausgestattet ist.

Die junge Christenheit (Urgemeinde) erwies theologische Weisheit, wenn sie statt des 7. Tages den 1. Tag der Woche als Ruhetag einsetzte. Für den von Gott befreiten und beschenkten Menschen schließt die Woche nicht mit einem Ruhetag, sondern sie beginnt mit ihm! :/

Dieser Gedanke wird durch den Schöpfungsbericht aus 1. Mose 1 bestätigt. An insgesamt 6 Tagen schuf Gott die Welt, und am 6. Tag schuf Er als Krönung der Schöpfung den Menschen. Und als der dann die Augen aufschlug und in die neue Woche starten wollte, war erstmal Ruhetag! Ist das nicht großartig! Die dritte Bedeutung …

c) Freiheit für Abhängige (2. Mose 23,12)!

Gott hat alle Menschen im Blick, und nicht nur Menschen, sondern auch die Tierwelt soll ausruhen. 3. Bedeutung: Freiheit für Abhängige (2. Mose 23,12)! Das steht z. B. in 2. Mose 23,12: „Sechs Tage sollst du deine Arbeit tun; aber am siebenten Tage sollst du feiern, auf dass dein Rind und Esel ruhen und deiner Sklavin Sohn und der Fremdling sich erquicken."

Es ist höchst beachtenswert, was hier als einziger Zweck des Ruhetages erwähnt wird: die abhängigen Arbeitskräfte sollen Erholung finden. Bewegend ist schon die Fürsorge für das geplagte Vieh, das an erster Stelle genannt wird.

Dann aber werden nicht irgendwelche Abhängige genannt, sondern „der Sklave und der Fremde." Sie sind Menschen, die gegen Befehle besonders wehrlos sind.

d) Lösung vom Leistungszwang!

Das ist die 4. Bedeutung des Sabbats im AT: Lösung vom Leistungszwang! Prophetische Stimmen wehren gezielt die Geschäftigkeit am Sabbat ab. Der Prophet Amos verurteilt die Getreidehändler, die das Ende des Sabbats nicht abwarten können (Amos 8,5). Er ist ein leidenschaftlicher Verfechter für das Halten des Sabbats und ein Zeuge dafür, dass der Mensch nicht aus seinen eigenen Werken, sondern von den Taten Gottes lebt.

„Denn wir haben nichts in die Welt gebracht; darum können wir auch nichts hinausbringen." 1.Tim 6,7 – Wir leben von den Taten Gottes!

e) Vorspiel endgültiger und vollständiger Freiheit in der Ewigkeit!

Die letzte und 5. Bedeutung des Sabbats lautet: Der Sabbat als Ruhetag galt als ein Vorspiel und Anspiel endgültiger und völliger Freiheit.

Nach dem Kolosserbrief (2,17f.) sind die Sabbate als „Schatten des Künftigen" zu verstehen, das in Christus leibhaftig geworden ist. Schon im AT also wird der Sabbat ein eschatologisches (endzeitlich-zukünftiges) Ereignis mitten in der Menschen Vorläufigkeit. Im Strömen der Zeit darf der Mensch Anteil gewinnen an der Ruhe, die bei Gott ist. Die junge Christenheit hat den Ruhetag am ersten Tag der Woche als dem Tag der Auferstehung Jesu begangen (Matth. 28,1; Offb. 1,10)

„Du sollst den Feiertag heiligen!" Mit diesem Gebot wendet sich Gott gegen den Raub an Zeit und das Runterwirtschaften unserer Gesundheit! Erster Gedanke: Der Sabbat im AT!   Zweiter Gedanke:

2) Aus Samstag wird Sonntag!

a) Jesus und der Sabbat

Aus dem bisher Gesagten und Gehörten wird deutlich, dass Gott das 4. Gebot um unseretwillen gegeben hat. Der Sabbat hat sein großes Vorbild im „Schöpfungs – und Erlösungshandeln" Gottes (5. Mose 5,14-15). Beides – Schöpfung und Erlösung – soll am Sabbat dankbar bedacht und gefeiert werden. Die „Erlösung" bezieht sich dabei auf die Befreiung aus der Sklaverei (z. B. Ägypten, Babylon, etc.).

Und diese Linie wird von Jesus fortgesetzt, wenn Er sagt: „Der Sabbat ist um des Menschen willen gemacht und nicht der Mensch um des Sabbats willen." Mark. 3,27. Das sagt er zu Pharisäern, die sich daran stören, dass die Jünger am Sabbat in einem Kornfeld Ähren ausrufen. Bei anderer Gelegenheit heilte er einen Kranken oder befreite einen Gebundenen am Sabbat. Jedes Mal gab es Gegenwind und Widerstand von den Gelehrten und Theologen. Jesus hält das aus mit den Worten: „Es ist erlaubt, am Sabbat Gutes zu tun" (Mt. 12,12) und „Der Menschensohn ist ein Herr über den Sabbat" (Mk. 3,28). Jesus bestimmt, was an diesem Tag getan werden darf und was nicht!

Sollten wir auf all das Gute, was an einem Sonntag Menschen anderen Menschen Gutes tun, verzichten, z. B. in medizinischen und sozialen Berufen, weil wir den Buchstaben höher halten als das Gebot der Nächstenliebe? Dann müssten wir auch über das regelmäßige Feiern von Gottesdiensten ernsthaft nachdenken und vielleicht einstellen.

b) <u>Ein Ruhetag als Angebot Gottes!</u>

Der Sabbat sollte als Ruhetag gefeiert werden, das heißt: Die Israeliten sollten unter anderem nicht reisen, nicht arbeiten oder irgendwelche Geschäfte treiben. Dabei sollten sie das Einhalten des Sabbats nicht als Last betrachten, sondern als einen Anlass zur Freude.

Ein Arbeitgeber verlangte mal von seinem Angestellten Sonntagsarbeit, indem er scheinheilig sagte: „Ihre Bibel lehrt Sie ja, dass Sie ihren Ochsen, der am Sabbat in die Grube fällt, herausziehen dürfen." Der Angestellte antwortete: „Wenn aber mein Ochse die Gewohnheit hat, jeden Sonntag in die Grube zu fallen, würde ich entweder die Grube zuschütten oder den Ochsen verkaufen." (Beispiel 63 – Hört ein Gleichnis)

Es bleibt dabei: Gott gönnt uns einen Ruhetag! Gott gönnt uns ein neues Kräftesammeln! Gott gönnt uns von Herzen einmal in der Woche, dass wir auftanken und regenerieren können!

Jesus selbst hat „nach seiner Gewohnheit" (Luk. 4,16) am Sabbat den Synagogengottesdienst besucht und will den Sabbat auch nicht abschaffen (Mk. 2,27f), aber dem Sabbat seine ursprüngliche Struktur zurückgeben. Er soll nämlich zu einem „Barmherzigkeitstag" werden, der die Vollendung der Werke Gottes preist. Dass Er sich in den sogenannten „Sabbatkonflikten" mit der gesetzlichen Vorstellung der Sabbatruhe kritisch auseinandersetzt und mit den Pharisäern und Schriftgelehrten in die Wolle kriegt, liegt auf der Hand.

Wer seine Geige liebt, der entspannt ihren Bogen nach dem Spiel. Wer gutes Werkzeug behalten will, der entspannt die Säge nach der Arbeit. Wer gute Ernten haben möchte, der gönnt dem Acker ab und zu ein Jahr, wo er brach liegt. Wer den Motor schonen will, kuppelt beim Bremsen aus.

Für Hobby-Bogenschützen gilt: Wer die Spannkraft des Bogens erhalten will, entspannt die Sehne. Wozu hat uns Gott den Sonntag gegeben? Ein Obstbaum auf windiger Höhe bringt wenig Frucht, denn er wird immerzu vom Wind geschüttelt und in Unruhe gehalten. So ist auch der Mensch, der das Sonntagsgebot missachtet. (Beispiel 1092)

c) Der Sonntag der Christen!

Die Christen des 1. Jhdts. haben sich eine Freiheit im Blick auf den Kalender herausgenommen. Sie feierten nicht mehr den Sabbat, sondern den ersten Tag der Woche als den Auferstehungstag Jesu. Der Tag nach dem Sabbat, in der Bibel auch „der erste Tag der Woche" genannt, ist der Tag, an dem Jesus von den Toten auferweckt wurde.

Da liegt es dann sehr nahe, dass die Urgemeinde einen Schritt weitergegangen ist und vom Sabbat zum „Tag des Herrn" (Sonntag als Auferstehungstag Jesu) wechselte (Mt. 28,1; Apg. 20,7.11; 1. Kor. 16,2; Offb. 1,10).

Dieses Ereignis war den Christen so wichtig, dass sie an diesem Tag, unserem heutigen Sonntag zum Gottesdienst und zum Mahl des Herrn zusammenkamen. Dieser Wechsel des Feiertags vom Sabbat zum Sonntag wurde auch deshalb möglich, weil im Laufe der Zeit immer mehr nichtjüdische Christen dazukamen, die sich nicht verpflichtet fühlten, den jüdischen Sabbat zu halten. Paulus betont in Kolosser 3,16, dass das auch nicht nötig sei.

Ob die Urgemeinde den Sabbat oder den Sonntag gefeiert hat – oder beide – muss offenbleiben. Da steht wenig bis gar nichts in der Schrift.

Für die Gemeinde – so glaube ich ist es legitim, wie Paulus (Apg. 20,7.11) den Sonntag zu feiern und nicht zum Sabbat zurückzukehren.

Jeden Sonntag feiern Christen Ostern und den Auferstandenen, den lebendigen Sohn Gottes. Denn wie viel mehr gedenken wir Christen des „Schöpfungs- und Erlösungshandelns" Gottes in Jesus Christus.

Der Befreier des Menschen wird von keiner Macht und keinem Tode mehr besiegt. Im Blick auf das Versöhnungswerk Jesu soll kein Leistungszwang den Menschen mehr quälen, keine Verfehlungen dürfen ihn mehr verklagen, auch nicht Halbheiten und Fragmente einer vergangenen Woche. – Darum liegt der Grundton beim Feiern eines Gottesdienstes auf der Freude!

Im Jahre 324 nach Christi Geburt wurde er im römischen Reich als Feiertag offiziell eingeführt. Der 7-Tage-Rhythmus bleibt in jedem Fall bestehen, aufgeteilt in 6-Tage-Arbeit und 1-Tag Ruhe. Aber die Ruhe und Inspektionspause liegt nicht am Wochenende, sondern am Wochenanfang. Beim Sonntag – 1. Tag der Woche – steigt man, wenn man dieses Angebot ernstnimmt, ausgeruht in die neue Woche ein, was ja eigentlich noch viel besser ist.

In einem theologischen Standardwerk findet sich die Frage: „Was hat der Mensch am Tag nach seiner Erschaffung getan?" Sein Verfasser, ein anerkannter Wissenschaftler, gibt die verblüffende Antwort: „Nichts! Er hat Anteil an Gottes Sabbat." (Quelle: Schäfer, Band 3, In Bildern reden 1094).

Ulrich Parzany dazu: „In meinem Auto hängt ein Zettel, der mir sagt, wann ich zum nächsten Ölwechsel fahren muss. Das ist ein wichtiger Termin, den darf ich nicht verpassen. Gott will Inspektion in unserem Leben machen. Alle sieben Tage. Bitte den Termin notieren.

Wer ohne Inspektion Gottes fährt, läuft schnell heiß, leiert aus, wird wackelig, verschleißt schnell, zerstört sich selbst. Also bitte notieren: Am nächsten Sonntag – ja, an jedem Sonntag – Zeit für Gottes Inspektion nehmen! (Ulrich Parzany)

Du sollst den Feiertag heiligen!
  1) Der Sabbat im AT!
  2) Aus Samstag wird Sonntag!   Und drittens und letztens:

3) <u>Sonntagsheiligung praktisch!</u>

a) <u>Ausruhen!</u>

Zum Schluss ein paar Tipps, die sich aus dem bisher Gesagten ableiten lassen. 1. Tipp: Ausruhen!

Wie heißt es doch in 2. Mose 20,9-10: „Sechs Tage sollst du arbeiten und alle deine Werke tun. Aber am siebenten Tage ist der Sabbat des HERRN, deines Gottes. Da sollst du keine Arbeit tun, auch nicht dein Sohn, deine Tochter, dein Knecht, deine Magd, dein Vieh, auch nicht dein Fremdling, der in deiner Stadt lebt.‟

An und aus, on and off. Der für uns kaum hörbare rhythmische Schlag einer Ordnung, die mit der Schöpfung erschaffen wurde. Habe ich den Mut, mich in diesen Rhythmus hineinzubegeben? Es ist der Herzschlag, der seit dem ersten Schöpfungsmorgen pocht, ein Puls, der seit Jahrtausenden zu spüren ist. Es passiert, es geschieht etwas, auch wenn ich nichts tue. Das hat mit den Kräften zu tun, die größer sind als unsere.
  + Ruhen heißt loslassen.
  + Ruhe bedeutet, eine Zeitlang zuzulassen, dass man die Kontrolle verliert – und das Leben auf einen zukommt.

- Ruhen bedeutet, sich umgestalten zu lassen.
- Ruhen heißt Rekreation: Erholung / Wiederherstellung / Erneuerung von Körper, Seele und Geist.

Was den Menschen angeht, begann alles irdische Leben mit der Ruhe, siehe Schöpfungsbericht: Nach dem Gott den Menschen geschaffen und ins Leben gerufen hatte, machte er mit ihm einen Rundgang durch das Paradies, nannte einige Spielregeln und sagte: „Und morgen früh, wenn ihr wach werdet, ist hier übrigens Feiertag." Das sagte er zu zwei Wesen, die bis dahin noch keinen Finger gerührt hatten. Die Welt ist schon fertig. Der Mensch muss sie nicht (noch einmal) schaffen.

Es braucht nur einen Tag in der Woche, um ein Leben zu retten! heißt ein Sprichwort zum Sabbat.

b) Sich auf Gott ausrichten!

Der 2. Tipp: Sich auf Gott ausrichten! So, wie es in diesem Gebot heißt: „Gedenke des Sabbattages, dass du ihn heiligest." 2. Mose 20,8

- ❖ „Heiligen" heißt, Dinge tun, die etwas mit Gott zu tun haben oder Ihm gefallen. „Heilig sein" heißt ja: zu Gott gehören. Von daher sind alle glaubenden Christen „heiliggesprochen."
- ❖ „Denk" an das, was Gott ehrt oder Ihn groß macht. Denk an sein Handeln in Schöpfung und Erlösung.

Wo könnte das besser gelingen als im Gottesdienst. So wie es Ulrich Parzany sagte: „Sich an jedem Sonntag Zeit nehmen für Gottes Inspektion im Gottesdienst." Ihn ehren und groß machen wegen Seiner Gnade und Liebe und Barmherzigkeit, die Er uns erwiesen hat!

Übrigens war es (und ist es bis heute) für fromme Juden das Höchste, regelmäßig an der Sabbatfeier in der Synagoge teilzunehmen. Die haben das jedes Mal mit Begeisterung gemacht. So drückten sie ihre Liebe zu Gott aus, indem sie sich treu und eifrig an der öffentlichen Verehrung JAHWES beteiligten. Kaum vorbei freuten sie sich schon auf den nächsten Sabbat. Wir auch?

c) <u>Die Schöpfung Gottes genießen!</u>

Ein 3. Tipp: Die Schöpfung Gottes genießen! Die Juden nennen den Sabbat auch eine Braut. Es ist etwas Hochzeitliches und Festliches um den Sabbat. Er ist Krönung des Daseins. Gott lädt ein zu den Eröffnungsfeierlichkeiten seiner Schöpfung. Wir sollen teilhaben an der Schöpfungsfreude, ja Schöpfungswonne Gottes und das Geschaffene mit Ihm sehr schön und gelungen finden. Sabbat ist vollendetes Sein mit und in Gott. Ein sonntäglicher Spaziergang kann deshalb durchaus auch theologisch begründet sein.

In Jesaja 58,13-14 heißt es als Versprechen Gottes für sein Volk:

„13 Wenn du deinen Fuß am Sabbat zurückhältst und nicht deinen Geschäften nachgehst an meinem heiligen Tage und den Sabbat »Lust« nennst und den heiligen Tag des HERRN »Geehrt«; wenn du ihn dadurch ehrst, dass du nicht deine Gänge machst und nicht deine Geschäfte treibst und kein leeres Geschwätz redest, 14 dann wirst du deine Lust haben am HERRN, und ich will dich über die Höhen auf Erden gehen lassen und will dich speisen mit dem Erbe deines Vaters Jakob; denn des HERRN Mund hat's geredet."

d) Gemeinschaft mit Menschen!

Und ein 4. und letzter Tipp: Gemeinschaft mit Menschen. Der Sabbat war ein Familienfest. Von daher ist es logisch, vom Sonntag auch als Familientag zu sprechen. Oder wenn man keine eigene Familie hat, Zeit mit Menschen zu verbringen, denen man nahe steht und die einem gut tun. Sonntag als Tag der Gemeinschaft mit anderen.

Am Sabbat wird auch darauf geachtet, besonders gut und festlich zu essen. Das dürfte auch am Sonntag erlaubt sein. Mach eine kleine Feier aus jedem Sonntag. Nimm dir viel Zeit für Familie, Freunde und spirituelle Betätigung und einem feierlichen Essen.

„Du sollst den Feiertag heiligen!"
4 Tipps für Sonntagsheiligung praktisch: 1. Ausruhen. 2. Sich auf Gott ausrichten. 3. Die Schöpfung Gottes genießen. 4. Gemeinschaft mit Menschen.   Letzte Folie: Thema + Gliederung!   Amen!

6. 2. Mose 20,12 + 5. Mose 5,16 – Du sollst Vater und Mutter ehren! (5. Gebot)

a) Einstieg: (Quelle: Eine gute Minute/Axel Kühner/vom 07.08./Wir brauchen uns – wir reiben uns)

Zu Mark Twain kam eines Tages ein 16jähriger und sagte: „Ich verstehe mich mit meinem Vater nicht mehr. Jeden Tag gibt es Streit. Er ist so rückständig. Was soll ich bloß tun?"

Mark Twain überlegte kurz und sagte dann: „Mein Freund, ich kann dich gut verstehen. Als ich 16 Jahre alt war, war mein Vater genauso ungebildet. Aber man muss etwas Geduld mit ihm haben. Nach 10 Jahren, als ich 26 war, hatte er so viel dazugelernt, dass man sich schon ziemlich vernünftig mit ihm unterhalten konnte. Und, ob du's glaubst oder nicht – heute, mit 36, frage ich meinen alten Vater, wenn ich keinen Rat weiß. So hat er sich geändert." – In Maleachi 3,24 steht: „Der soll das Herz der Väter bekehren zu den Söhnen und das Herz der Söhne zu den Vätern."

Wir sind bei der 5.ten großen Freiheit, beim 5. Gebot angekommen: „Du sollst deinen Vater und deine Mutter ehren, (5. Mose 5,16 mit dem Zusatz: wie dir der HERR, dein Gott, geboten hat) auf dass du lange lebest in dem Lande, das dir der HERR, dein Gott geben wird."

b) Thema und Hinführung

„Du sollst Vater und Mutter ehren!" Ein spannendes Thema und Gebot.

Martin Luther meint im Kleinen Katechismus dazu: „Wir sollen Gott fürchten und lieben, dass wir unsere Eltern und Herren nicht verachten noch erzürnen, sondern sie in Ehren halten, ihnen dienen, gehorchen, sie lieb und wert haben. – Vor allem die leiblichen Eltern; aber auch diejenigen, welche im Hause und in der Gemeinde, im kirchlichen und im bürgerlichen Leben von Gott Macht haben, zu gebieten und zu verbieten.

Der Heidelberger Katechismus von Otto Weber, der ja mehr für die Freikirchen und reformierten Gemeinden Gültigkeit hat, meint dazu: „Dass ich meinem Vater und Mutter und allen, die mir vorgesetzt sind, alle Ehre, Liebe und Treue beweisen und mich aller guten Lehre und Strafe mit gebührlichem Gehorsam unterwerfen und auch mit ihren Gebrechen Geduld haben soll, dieweil uns Gott durch ihre Hand regieren will.“

„Du sollst Vater und Mutter ehren!“ – Spannend. Mal gucken, was das bedeutet ganz praktisch und für uns heute. Es ist übrigens das einzige von den Geboten, das eine Verheißung hat: „… auf dass du lange lebest in dem Lande, das dir der HERR, dein Gott, geben wird.“

Ein erster Gedanke dazu:

1) Was Gott sich ausgedacht hat!

a) Kein Mensch ist allein!

Dass der Mensch niemals für sich allein da ist. Es gibt, seit die Welt besteht, immer Menschen _neben_ ihm, _vor_ ihm, _nach_ ihm. In dieser Tatsache ist alles Glück wie auch alle Belastung eines Menschenlebens eingeschlossen. Nicht allein sein bedeutet ja, Gemeinschaft finden, nicht ohne Rat, Trost und Beistand sein.

Nicht allein sein bedeutet aber auch: In Spannungen mit anderen leben müssen, Ansprüchen und Forderungen ausgesetzt sein, evtl. auch bevormundet und zurückgesetzt werden, weil eben die anderen auch noch da sind: die Eltern, die Vorgesetzten und die Höherstehenden.

Nicht allein sein kann dann also auch Raum bieten für Hass und Neid, für Eifersucht und Zank, usw. Man kann also in einer Gemeinschaft leben und trotzdem leiden unter Einsamkeit oder Zurückweisung oder im schlimmsten Fall unter dem Ausgestoßensein.

Aber nicht allein sein schafft eben auch das Positive und die schönen Möglichkeiten für Freundschaft und Liebe, für Zärtlichkeit und Glück, für gegenseitige Förderung und für eine gemeinsame Lebens – und Dienstgemeinschaft.

So zeigt das, was Gott einmal ausgesprochen gut für den Menschen fand und sich ausgedacht hat, nämlich dass er nicht allein sein soll, ein doppeltes Gesicht:

Eine positive Gemeinschaft zu haben, aber auch eine negative mit Spannungen beladene Gemeinschaft kann entstehen.

Mit dem 5. Gebot schützt Gott das Urverhältnis der Generationen! In dem Urbereich, Eltern – Kindverhältnis, überträgt das Gebot den erwachsenen Kindern die Verantwortung für die Durchsetzung des Lebensrechtes ihrer alternden Eltern. Diese übertragene Verantwortung bindet Gott hinein in eine Verheißung.

> „Du sollst deinen Vater und deine Mutter ehren, wie dir der HERR,
> dein Gott, geboten hat, auf dass du lange lebest und dir's
> wohlgehe in dem Lande, das dir der HERR,
> dein Gott geben wird." 5. Mose 5,16

b) Gott ist es nicht gleichgültig, wie wir leben!

Es ist eben Gott nicht gleichgültig, wie Seine Geschöpfe, wie Seine geliebten Menschen leben. Er will, dass sie die Fülle des Lebens, die Er geschaffen hat, besitzen und sich daran freuen.

Er will heile Menschen und heile Verhältnisse. Seine Ordnungen, besonders, besonders die der zweiten Tafel der 10 Gebote, mit denen wir heute beginnen, sollen Seinem Volk, sollen denen, die Ihm gehören, die Ihm vertrauen, immer wieder zeigen, wie sie zu wahrem Glück in den irdischen Verhältnissen kommen.

Zugleich aber und darüber hinaus wird dieses Leben – dass sich an den guten Geboten Gottes orientiert – Strahlkraft haben und zu einem Zeugnis für alle Menschen, zu einem Zeugnis davon, dass es nicht nur eine fromme Redensart ist, wenn wir bekennen, dass ein erfülltes Leben nur mit Gott möglich ist und Wirklichkeit wird.

Und die erste Ordnung für ein gutes irdisches Miteinander und Leben ist das Gebot: „Du sollst Vater und Mutter ehren, auf dass du lange lebest in dem Lande, das dir der HERR, dein Gott, geben wird."
Aber dies Gebot ist nicht nur ein Wort für Kinder und junge Menschen. Gott hält ja am Sinai – als Er Mose die 10 Gebote gegeben hat – keine besondere Jugendveranstaltung ab! Es geht um die heilsame Lösung der Spannung der Generationen, es geht um den Familienfrieden, der unter dem göttlichen Segen stehen soll! Wie kann das Wirklichkeit werden?
Dazu ein zweiter Gedanke:

2) Im Spannungsfeld der Generationen!

a) Familie in der Zerreißprobe!

Liebe Gemeinde, ich habe einen Mordsrespekt vor den jungen Eltern, die heute ihre Kinder erziehen müssen. Warum? Weil wir in einer völlig reizüberfluteten Gesellschaft leben, die auch vor unseren Kindern nicht Halt macht. Die ganze Digitalisierung tut da noch ein Übriges.

Dazu kommt, dass heute Familie komplett neu definiert wird, so dass man gar nicht mehr richtig weiß, was ist denn Familie und was nicht? Das war früher einfacher und auch viel näher dran an der biblischen Vorgabe: Vater, Mutter und Kinder.

Früher lebten auch viel mehr Generationen unter einem Dach, und es hat meistens funktioniert. In biblischen Zeiten gab es noch die patriarchalische Großfamilie, und der älteste Mann war das Familienoberhaupt. Nach dem 2. Weltkrieg hat sich diese Form des Familienlebens völlig gewandelt, und herausgekommen ist das Modell der Kleinfamilie.

Also Hochachtung vor jungen Familien. Ich möchte euch ermutigen, weiter euern Weg zu gehen und an der biblischen Vorgabe festzuhalten.

b) <u>Die Eltern leben in festen Formen!</u>
Und dann ist das ja so etwas mit den Eltern, ich spreche jetzt mal die älteren Eltern an, ich spreche von mir und meiner Frau. Wir gucken schon auf ein beträchtliches Stück gelebtes Leben zurück. Natürlich haben wir auch viele Erfahrungen sammeln können und eine gewisse Welt – und Lebensübersicht. Unser Lebenshaus ist gebaut, ob groß und weit oder eng und kleinlich, ob in sauberer Konstruktion oder ein wenig chaotisch, das sei mal alles so dahingestellt. Natürlich hat sich da auch manches verfestigt in den Denkmustern, in den Erkenntnissen und in manchen Verhaltensmustern.

Man hat halt so seine Erfahrungen gemacht und seine Vorstellungen von diesem oder jenem bekommen, usw.

c) Die Kinder suchen ihre eigenen Formen!

Auf all diese Tatbestände stößt dann die nachwachsende Generation, unsere Kinder und jungen Leute, die zwar im Hause der Eltern großgeworden und vielleicht auch gar nicht so undankbar dafür sind. Aber sie wollen und müssen ihr eigenes Lebenshaus bauen, sie müssen ihren eigenen Lebensweg finden. Eigentlich ganz natürlich, dass unser Stil nicht ihr Stil ist, den sie übernehmen wollen, auch wenn sie noch gar nicht ihren eigenen Stil gefunden haben.

Und da knistert es dann manchmal und die Schwierigkeiten fangen an. Denn die Elterngeneration wird ja aus Liebe und Fürsorge und oft unter Berufung auf die elterliche Autorität ihre Erfahrungswerte ihren Kindern verbindlich machen wollen. Sie wird mit Freundlichkeit, Überredung oder auch – wenn alles nicht wirkt – mit Druck Gehorsam einfordern. Kein Wunder, dass es da manchmal knistern und Spannungen entstehen.

Für die Eltern steht ja nicht nur ihre Autorität, sondern vor allem die Richtigkeit und Sinnhaftigkeit ihres bisher gelebten Lebens auf dem Spiel.

Für die Generation der Kinder geht es vorrangig um die Freiheit der Gestaltung ihres eigenen Lebens. Sie wollen Vieles für sich selbst entdecken, verantworten, ausprobieren und auch ihre eigenen Erfahrungen machen. Und das nicht nur vor sich selbst und vor anderen, sondern auch vor Gott. Da gibt es so viel neues Land einzunehmen. Das AT hat diese „Lebensfindung" und diesen spannungsreichen Prozess der Loslösung von den Eltern mit dem Satz ausgedrückt: „Darum verlässt ein Mann Vater und Mutter, um mit seiner Frau zu leben. Die zwei sind dann eins mit Leib und Seele." 1. Mose 2,24

d) Beispiel 1350 (Quelle: Schäfer, Band 3, In Bildern reden)

Fénelon, der Erzbischof von Cambray, sprach wenig, aber gehaltvoll. Eines Tages klagt ihm eine Mutter: „Mein Sohn hat gar keinen Sinn für Gespräche über Gott."

Da rät ihr Fénelon: „Sprechen Sie lieber mit Gott über ihren Sohn als mit ihrem Sohn über Gott!"

„Du sollst Vater und Mutter ehren, auf dass du lange lebest in dem Lande, das dir der HERR, dein Gott, geben wird."
Noch ein paar Gedanken darüber, was man im Blick auf dieses 5. Gebot nicht machen und unbedingt vermeiden sollte.

e) Was man vermeiden sollte!

Eltern dürfen dieses Gebot nicht als Druckmittel benutzen. Das kann zu seelischer und geistiger Unterdrückung der Kinder führen.

Bei diesem Gebot geht es nicht um den erhobenen Zeigefinger oder eine fordernde Abhängigkeit.

Das Ergebnis sind unmündig gehaltene Kinder, Kinder, die lebens – und eheunfähig sind. Wann immer sie an das Gebot des „Ehrens der Eltern" denken, regt sich dann das schlechte Gewissen.

So wird die Verheißung, die an dieses Gebot gebunden ist, falsch, denn die Verheißung richtet und wendet sich auch an die Eltern. Die Eltern sind an die Verheißung gebunden, da sie dafür Sorge tragen, dass es den Kindern wohlergehe in dem Lande, dass ihnen der HERR, ihr Gott, ihnen geben wird. In der Verheißung geht es demnach auch um das Lebensrecht der erwachsenen Kinder. Wo die Eltern verhindern, dass die Kinder lebensfähig werden, stellen sie sich gegen Gottes Verheißung. Und wo die Eltern ihren Kindern unnötig mit diesem Gebot den Kindern ein schlechtes Gewissen machen und sie damit in Glaubensnot bringen,   haben sie Gott gegen sich. Die Verheißung schützt also nicht allein die Eltern, sondern gilt in gleicher Weise auch den Kindern. Das Gebot wird damit zu einem Doppelgebot, durch das Gott die Eltern und die erwachsenen Kinder in Schutz und Fürsorge nehmen will.

„Du sollst Vater und Mutter ehren, auf dass du lange lebest in dem Lande, das dir der HERR, dein Gott, geben wird."
Dazu gehört: Was Gott sich ausgedacht hat!
Dazu gehört: Im Spannungsfeld der Generationen!

Und ein <u>dritter</u> Gedanke befasst sich noch mal kurz mit den Pflichten der Eltern.

3) <u>Die Pflichten der Eltern!</u>

a) <u>Elternschaft und Vaterschaft im rabbinischen Judentum!</u>

Es ist interessant, sich ein wenig in der rabbinischen Tradition umzusehen sehen. Da findet man gute Aussagen über die Pflichten eines jüdischen Vaters, seinen Söhnen gegenüber.

Er hatte <u>6 Aufgaben</u>:

1. Den Sohn zu beschneiden als Ausdruck der Zugehörigkeit zum Volk Gottes. Das war das Bundeszeichen, das Gott angeordnet hatte. Die Eltern sind verantwortlich für das Hineinstellen des Kindes in die Gemeinde Gottes. Manche begründen damit die Kindertaufe im NT.

2. Im Gesetz zu unterrichten. Das beinhaltet das Auswendiglernen der Thora. Das ging ganz früh los, dass der jüdische Vater mit seinen Kindern Abschnitte aus dem Gesetz auswendig lernte. Das geschah auch oft beim Essen. Nach der Überlieferung ist dann, wenn bei einer Mahlzeit nicht ein Stück Thora gelernt wird, Gott nicht gegenwärtig. Das auswendig gelernte Wort ist für die Kinder ein unverlierbarer Schatz. Es wird sich in jedem Fall einmal im Leben der Kinder auswirken.

Übrigens: Nicht der KiGo einer Gemeinde ist für die christliche Erziehung und Unterweisung zuständig, sondern die christlichen Eltern. Im KiGo wird das dann vertieft.

3. Ihm eine Frau zu nehmen. Mit diesem Auftrag wird der jüdische Vater in die Pflicht genommen, die Kinder für die Ehe, für den ihnen von Gott gegebenen Partner freizugeben. Allein der von seinen Eltern Freigegebene ist fähig, eine glückliche und bleibende Verbindung mit einem Lebenspartner einzugehen.

4. Ihm ein Handwerk zu lehren. Es bleibt die Pflicht der Eltern, mit allen Kräften für die Ausbildung ihrer Kinder einzutreten. Dem Kind soll es ermöglicht werden, auf eigenen Füßen zu stehen und selbst einen Lebensunterhalt zu verdienen.

5. Ihm das Schwimmen beizubringen. Ist das nicht interessant? Damit ist das Schwimmenlernen ein Typos, ein Beispiel, das bis heute für Selbständigkeit und Lebenstüchtigkeit steht. Man soll es als Kind lernen, sich frei-zu-schwimmen. Es muss das Ziel der Eltern sein, ein Kind zu befähigen, sich „durch-zu-schwimmen", wenn alle Wellen über ihm zusammenschlagen. Es ist das Ziel der Erziehung, dass Kinder Krisen bewältigen und durchstehen können.

6. Kein Sohn/Kind dem anderen vorzuziehen. Im NT wird diese jüdische Pflicht aufgenommen in den Worten: „Ihr Väter reizt eure Kinder nicht zum Zorn", und „erbittert eure Kinder nicht."

Wir merken, wie eng die familiäre Bindung damals zwischen den Generationen war! Das sind starke Tipps und Ratschläge für eine gute Erziehung und den Zusammenhalt der Familie! Was passt davon heute?

b) <u>Elternschaft eine gewaltige Aufgabe!</u>

Damit stehen wir als Eltern vor einer gewaltigen Aufgabe. Elternschaft braucht die ganze hingebungsvolle Liebe unseres Lebens. Elternschaft ist Bemühen um Verstehen, ist Zeithaben, ist die Bereitschaft, gemeinsam Probleme zu lösen und Mut zu machen für den eigenen Weg der Kinder.

Elternschaft ist Förderung zur Selbstentfaltung. Eltern und Kinder üben sich ständig im Loslassen und auch im gegenseitigen Vergeben ein. Das Gebet spielt hier auch eine wesentliche Rolle, das Gebet für die Kinder und auch das gemeinsame Gebet, Eltern mit den Kindern.

Und für Eltern ganz wichtig: Die Tür des Elternhauses offenhalten und immer ein offenes Ohr für die Anliegen der Kinder zu haben.

c) <u>Sohn über seinen Vater bei dessen Beerdigung!</u>

Es ist bewegend, was auf einer christlichen Beerdigung ein Sohn über seinen Vater sagte: „Er hat uns immer seine Meinung zu unseren Plänen und unserm Tun gesagt. Er hat uns gewarnt und gemahnt. Aber wenn wir doch unsere eigenen Wege gingen, hat er nie gesagt: Seht doch zu, wie ihr zurechtkommt, mir ist das jetzt egal.

Sondern er sagte dann: Ich kann das, was ihr jetzt vorhabt, nicht verstehen und nicht billigen. Aber eines sollt ihr wissen: Ihr dürft immer wieder nach Hause kommen."

Dann fügte der Sohn, der selbst schon Vater war, hinzu: „Dieses Wissen, dass wir unserem Vater nie gleichgültig waren und seine Gebete um uns waren, wo seine Worte unser Herz nicht mehr erreichten, hat uns immer begleitet. Dass in allem und trotz allem die Tür zu ihm offen war, danken wir ihm über den Tod hinaus."

Hier leuchtet etwas auf von echter Vaterschaft nach dem Vorbild Gottes!

Ein <u>vierter</u> Gedanke:

4) <u>Eltern „ehren" praktisch!</u>

a) <u>Was „ehren" bedeutet!</u>

Das hebr. Verb „kabod" כָּבֵד = schwer sein, kostbar sein, wertvoll sein, ist kein emotionaler Begriff. Er bedeutet, einen anderen an seinem Platz in der Gemeinschaft anzuerkennen. „Ehren" heißt: groß machen, würdigen, heißt: honorieren, was er/sie getan und eingebracht haben.

„Ehren" heißt: Danke sagen für alle Mühe, die aufgebracht wurde, um den Kindern so gut wie möglich ein angemessenes und angenehmes Zuhause zu bieten. „Ehren" heißt: etwas Ehrfurcht, Liebe und Dankbarkeit zurückgeben.

„Ehren" heißt auch, dafür zu sorgen, dass es den Eltern im Älterwerden gut geht und sie nicht vereinsamen oder sie gar mittellos werden.

Dabei geht es um die materielle Absicherung der Eltern, die aufgrund von Alter und Schwäche nicht mehr für ihren Lebensunterhalt sorgen können. Im Sinne dieses Gebotes kann man von einer Norm sprechen, da sie unabhängig von der jeweilige Beziehungsqualität besteht. Die Erfüllung dieser Norm erwartet der erwählende Gott von seinen erwählten Kindern (nicht Eltern von ihren Kindern!). Diese Versorgung ist staatlich geregelt (siehe § 1601, BGB).

Gott möchte, dass die Familiengemeinschaften Orte der Liebe, der Wärme, der Geborgenheit und der gegenseitigen Hilfe sind, von den Eltern bis zu den Kindeskindern. Gott will Gemeinsamkeit!

Das familiäre Generationenverhältnis kann von sehr unterschiedlicher Qualität sein, bis dahin, dass man die Beziehung zeitweise oder gar ganz abbricht, weil sie zu leidvoll war oder immer noch ist. Es ist daher eine grausame Vorstellung, Eltern, die ihre Rolle gar nicht, oder nur sehr mangelhaft oder gar missbräuchlich gelebt haben, zu etwas Emotionalem verpflichtet zu sein. Auch will wohl keiner, dass seine Kinder ihn aufgrund eines Pflichtgefühls besuchen und nicht aus einem echtem Interesse. Die Pflicht wertet beides ab, den Besuch und den Besuchten.

b) <u>Beispiel 1436 (Quelle: Schäfer, In Bildern reden)</u>

Ein Ehepaar, beide berufstätig, hastet kurz vor Weihnachten in ein Spielwarengeschäft und erläutert der Verkäuferin: „Wir sind den ganzen Tag von zu Hause weg und haben eine kleine Tochter. Wir brauchen etwas, das die Kleine erfreut, sie lange beschäftigt und ihr das Gefühl des Alleinseins nimmt." – „Tut mir leid", lächelt die Verkäuferin freundlich, „Eltern führen wir nicht im Sortiment."

Wenn Eltern keine Zeit für ihre Kinder haben, bewerben sich andere um die Aufgabe der Erziehung und Unterhaltung. „Ich garantiere Ihnen, dass Ihre Kinder alles von mir lernen, was ich ihnen beibringe. Ich zeige ihnen, wie man Alkohol trinkt, raucht und Drogen nimmt, wie man lügt und betrügt, Gewalt und Grausamkeit verübt, quält und tötet, vergewaltigt und Ehebruch begeht. Ich halte die Kinder am Samstagabend wach, damit sie sonntags nicht zur Kirche gehen. Ich bewerbe mich um Ihr Kind. Sie kennen mich gut. Schönen Gruß, Ihr Fernsehen."

Wir sollten den Kindern, die Gott uns anvertraut hat, das Beste geben: Zeit statt Zeitvertreib, Güte statt Güter, Liebe statt Leistung und Hände statt Geräte. Wer liebt, hat auch Zeit. (Quelle: Axel Kühner, Eine gute Minute vom 10.09., Familie intakt?)

c) <u>Beispiel 1095 (Quelle: Schäfer, Band 3, In Bildern reden!</u>

„Du sollst Vater und Mutter ehren, auf dass du lange lebest in dem Lande, das dir der HERR, dein Gott, geben wird."

Wie geht das praktisch? Vielleicht so?

Ein Mann in Bagdad kaufte jeden Morgen fünf Fladenbrote. Eines Tages fragte ihn der Verkäufer, warum er immer fünf Fladenbrote kaufe.

Er sagte: „Eins esse ich, zwei gebe ich zurück und zwei leihe ich aus", gab er zur Antwort. „Wem gibst du zurück, und wem leihst du aus?" wollte der Verkäufer wissen. „Meinen Eltern gebe ich zurück, was sie mir in der Jugend gegeben haben, und meinen Kindern leihe ich, was sie mir in meinem Alter erstatten." (Heinz Gerlach)

d) <u>Was in Hamburg passierte!</u>

„Du sollst Vater und Mutter ehren, auf dass du lange lebest in dem Lande, das dir der HERR, dein Gott, geben wird."

Dazu noch eine Geschichte, die in Hamburg passierte und zeigt, wie weit das gehen kann mit dem „ehren".

In Hamburg hatte sich eine Gruppe johlender Kinder um einen Betrunkenen geschart. Sie trieben mit dem Willenlosen ihr Spiel. Plötzlich durchbrach ein einzelnes Kind den Kreis der spottenden Altersgenossen, lief auf den Betrunkenen zu, nahm ihn bei der Hand und führte ihn weg. „Warum tust du das?" wurde es gefragt. Darauf kam die Antwort: „Er ist doch mein Vater!"

Obwohl von dem betrunkenen Vater keine Ausstrahlung ausging, die das Kind zum „Ehren" veranlasste, siegte die Liebe des Kindes. Eine Gebotserfüllung der besonderen Art.

e) Beispiel 1097 (Quelle: Schäfer, Band 3, In Bildern reden)

„Du sollst Vater und Mutter ehren, auf dass du lange lebest in dem Lande, das dir der HERR, dein Gott, geben wird."

Bill Bright, der Gründer von „Campus für Christus" erzählte mal: „Ein Freund von mir, ein Christ, der in der Gemeindeleitung mitwirkte, hasste seinen Vater, der Alkoholiker war. Jahrelang fühlte sich mein Freund gedemütigt und schämte sich für das Benehmen seines Vaters. Er wollte nichts mehr mit ihm zu tun haben.

Als er im Glauben immer reifer wurde und die Eigenschaften Jesu sich auch in seinem Leben entwickelten, fing er an zu begreifen, dass seine Einstellung zu seinem Vater falsch war. Er merkte, dass Gottes Wort ihm gebot, seinen Vater und seine Mutter zu ehren, und zwar ohne Bedingungen zu stellen.

Dann begann er zu begreifen, dass es wahr ist: Man kann nur durch den Glauben lieben. Eine Folge davon war, dass er als bewussten Willensakt – denn zu diesem Zeitpunkt fühlte er sich nicht gerade danach – zu seinem Vater ging und ihm sagte, dass er ihn liebe. Er war erstaunt, als er merkte, dass sein Vater jahrelang gelitten hatte, weil er genau merkte, dass sein Sohn ihn verabscheute und ablehnte.

Als der Sohn nun anfing, seine Liebe auch zu zeigen –, veranlasste das den Vater dazu, sein Leben Jesus anzuvertrauen, so dass dieser ihm helfen konnte, sein Alkohol-problem zu lösen. Durch diese neue Beziehung zum Herrn wurde er ein ganz neuer Mensch und konnte über seine Alkoholabhängigkeit siegen." (Bill Bright)

„Du sollst Vater und Mutter ehren, auf dass du lange lebest in dem Lande, das dir der HERR, dein Gott, geben wird."

Dazu gehört:	Was Gott sich ausgedacht hat!
Dazu gehört:	Im Spannungsfeld der Generationen!
Dazu gehört:	Die Pflichten der Eltern!
Dazu gehört:	Eltern „ehren" praktisch!

Und dazu gehört schließlich noch was ganz Wichtiges, nämlich: Was Jesus dazu sagte! Ein fünfter und letzter Gedanke:

5) Jesus und das 5. Gebot!

a) Wörtliche Zitate von Jesus!

Jesus kennt auch unüberwindbare Konflikte zwischen Eltern und Kindern. Scharf wendet Er sich gegen eine damals übliche Sitte, mit der sich Kinder von dem Gebot der Fürsorge für die alternden Eltern freizumachen suchten. Sie konnten damals einfach sagen: „Dieser Besitz, dieser Teil des Hauses, diese Naturalien sind ‚Korban', d. h., sie sind für euch so viel, wie wenn wir sie Gott als Opfergaben gegeben hätten. Ihr dürft darum nicht mehr über sie verfügen."

Damit sagt Jesus hier knapp und scharf: Ihr hebt mit frommen Worten Gottes Wort auf (Mk. 7,10-13). So dürft ihr als   Kinder nicht mit euren Eltern umgehen.

An anderer Stelle spricht Er von Feindseligkeit zwischen den einzelnen Familienmitgliedern wegen des Glaubens an Ihn.
Der Riss kann manchmal mitten durch die Familie gehen, wenn Jesus in Lukas 12 sagt: „[51] Meint ihr, dass ich gekommen bin, Frieden zu bringen auf Erden? Ich sage: Nein, sondern Zwietracht. [52] Denn von nun an werden fünf in einem Hause uneins sein, drei gegen zwei und zwei gegen drei. [53] Es wird der Vater gegen den Sohn sein und der Sohn gegen den Vater, die Mutter gegen die Tochter und die Tochter gegen die Mutter, die Schwiegermutter gegen die Schwiegertochter und die Schwiegertochter gegen die Schwiegermutter."

Krieg in der Familie wegen des Glaubens an Jesus! Da stößt das „Ehren der Eltern", das 5. Gebot, an Grenzen! In Matthäus 10,37-38 spricht Er über die Konsequenzen der Nachfolge, wenn Er dort sagt: „[37] Wer Vater oder Mutter mehr liebt als mich, der ist meiner nicht wert; und wer Sohn oder Tochter mehr liebt als mich, der ist meiner nicht wert. [38] Und wer nicht sein Kreuz auf sich nimmt und folgt mir nach, der ist meiner nicht wert. [39] Wer sein Leben findet, der wird's verlieren; und wer sein Leben verliert um meinetwillen, der wird's finden."

Jesus kommt an erster Stelle. Jesus nimmt den 1. Platz ein, auch in der Familie und zwischen den Generationen! Manche Probleme lösen sich dadurch, manche Probleme bleiben bestehen.

b) A.Kühner/16.11./H.w.d.B./Gott gibt uns ein Zeichen! Vergebung! Was darüber hinaus immer aktuell ist: die Möglichkeit zum Neuanfang und ein Leben aus der Vergebung durch die Liebe Gottes.

Zwei Männer sitzen sich im Zug gegenüber. Der Jüngere ist seltsam angespannt und nervös. Der Ältere versucht behutsam ein Gespräch. Nach einigen Sätzen bricht es plötzlich aus dem jungen Mann heraus: „Ich war längere Zeit im Gefängnis. Ich habe durch meinen unguten Lebenswandel mein Leben zerstört und meine Eltern bis an den Rand der Verzweiflung gebracht. Nun fahre ich nach Hause. Aber ich kann nicht erwarten, dass meine Eltern mir einfach verzeihen und mich wieder aufnehmen. Darum habe ich sie im letzten Brief um ein Zeichen gebeten. Unser Haus liegt an dieser Bahnlinie. Im Garten steht ein großer Apfelbaum. Wenn ich nach Hause kommen darf, sollen meine Eltern in den Baum ein weißes Leinentuch hängen. Wenn der Baum leer bleibt, weiß ich Bescheid und fahre irgendwohin. Jetzt kommt bald der Garten. Ich bin so aufgeregt und mag gar nicht hinschauen. Wollen Sie es für mich tun?" Der ältere Mann schaut hinaus. Die Spannung steigt. Da kommt der Garten, der Apfelbaum ist voller weißer Tücher. „Sie dürfen heimkommen!"

Dem jungen Mann laufen die Tränen über das Gesicht: „Ein Glück, sie vergeben mir!" (Quelle: Axel Kühner, Hoffen wir das Beste, vom 16.11. Gott gibt uns ein Zeichen! Vergebung!)
Amen!

---

6. 2. Mose 20,13 + 5. Mose 5,17 – Du sollst nicht töten! (6. Gebot)

a) <u>Einstieg: Rudolf Bräumer, Seite 59 oben (In Freiheit leben)</u>

Der Gott der Gebote ist nicht in erster Linie Gesetzgeben und Richter, sondern Heilbringer und Erlöser. Auch vor und über dem Gebot: „Du sollst nicht töten" steht die heilbringende und lebensspendende Zusage:

- Ich bin dein Gott!
- Ich habe dich erlöst!
- Du mordest nicht!

Darum geht es heute Morgen, um das 6. Gebot: „Du sollst nicht töten!"

Und das steht an zwei Stellen im AT (Folie):

2. Mose 20,13 + 5. Mose 5,17 …   3 Aussagen dazu:

1) <u>Gottes „Ja" zum Leben!</u>

a) <u>Definition: 6. Gebot!</u>

Nur mal kurz zur Klärung. Das atl. Gebot „Du sollst nicht töten" heißt wörtlich übersetzt: „Du mordest nicht." Man könnte ergänzen: „Weil du mich kennst."

Das hebr. Wort „razach" **(רצח) = morden** kommt im AT ungefähr 45 x vor und beschreibt eine bewusste vorsätzliche Tat, d. h., morden bedeutet eigenmächtiges Töten.

- Mord ist das bewusste Antasten eines fremden Lebens.
- Mord ist eigenmächtiges Erschlagen.
- Mord ist willkürliche Tötung.

Für den Vollzug eines im legitimen Rechtsspruch verhängten Todesurteiles sowie für das Töten eines Feindes im Krieg hat das AT andere Ausdrücke wie z. B. „sterben machen" und „erschlagen" (vgl. 2. Mose 19,12f).

Das atl. Gebot: „Du mordest nicht!" handelt nur vom Mord. Es steht in keinerlei Spannung zu der in atl. Zeit praktizierten Todesstrafe, oder zu dem in vielen Texten breit erzählten Kriegszügen und Kriegsberichten.

Eine Ablehnung der Todesstrafe heute und eine Verweigerung des Dienstes mit der Waffe können sich deshalb nicht direkt auf das 6. Gebot „Du mordest nicht" beziehen! Ich selbst habe damals den „Wehrdienst mit der Waffe verweigert", und zwar aus christlichen Gründen, und ich musste das auch noch vor einem Ausschuss mündlich begründen. Bettina saß im Auto und hat für mich gebetet. Und nach ca. 40 Minuten war ich anerkannter Wehrdienstverweigerer. Und daran hat sich ja dann auch das theologische Studium angeschlossen.
Für mich war das eine Gewissensentscheidung, die ich mit dem „Gebot der Feindesliebe" begründet habe. Aber ich kenne auch Kollegen, die sind durch die Bundeswehrzeit zum Glauben an Jesus gekommen. Ich bin dankbar, in einem Land leben zu können, wo die Gewissensentscheidung eines Menschen akzeptiert wird.

Auf der anderen Seite aber darf auch denen, die die Waffe ergreifen, um ihr Land zu verteidigen und auch für die Todesstrafe eintreten, nicht ihr Christsein abgesprochen werden. Mit der Bibel kann man das nicht begründen, denn auch für die Zeit der christlichen Gemeinde gilt das Wort: „Die Obrigkeit trägt das Schwert nicht umsonst; sie ist Gottes Dienerin, und sie vergilt so die Vollziehung des göttlichen Strafgerichts an den Übeltätern" (Römer 13,4).

Zählt das AT, vielleicht auch das NT, die Verteidigung mit der Waffe und die Todesstrafe nicht zum „Mord", sondern bezeichnet sie als irdisches Strafgericht Gottes, zu der die Obrigkeit beauftragt ist, so untersagt es aber eindeutig jegliches willkürliche Antasten des Leibes eines anderen Menschen. Dabei ist „Gottes Gebot immer bestimmt, klar, konkret bis zum Letzten, oder es ist nicht Gottes Gebot" (Dietrich Bonhoeffer).

Und ich kann es auch nachvollziehen, dass Dietrich Bonhoeffer und die Männer, die sich gegen das NS-Regime gewendet und die ethische Entscheidung getroffen haben, Hitler durch ein Attentat zu beseitigen, um größeres Leid abzuwenden, diese Entscheidung aus persönlichen Gewissensgründen getroffen haben.

b) <u>Gott wacht über dem Leben!</u>

Mit dem 6. Gebot schützt Gott unser Leben! Und was die richtige Erfüllung dieses Gebotes bedeutet, wird erst klar, wenn wir es positiv verwenden. Das könnte dann so aussehen, wie es Martin Luther in seinem kleinen Katechismus ausführt: „Wir sollen Gott fürchten und lieben, dass wir unserem Nächsten an seinem Leben keinen Schaden noch Leid tun, sondern ihm helfen und ihn fördern in allen Leibesnöten!"

Gott wacht über dem Leben. Gott sagt ja zum Leben. Das ist ein Grundzug Seines Wesens. „Gott aber ist nicht ein Gott der Toten, sondern der Lebenden; denn ihm leben sie alle" (Lukas 20,38), hat Jesus den Sadduzäern geantwortet, die die Auferstehung ablehnten. Als Gott die Welt schuf, tat Er es mit dem Ziel, Leben zu erschaffen. Wo Leben ist, da ist Er am Werk. Wo Leben ist, da ist ein Ausfluss Seines Lebens, Seiner Ewigkeit, Seiner Wirklichkeit.

Gott ist der große Lebensspender, der große Lebenserhalter, der große Lebensvollender. Gott ist der Liebhaber des Lebens! Darum, weil alles Leben von Ihm kommt, wacht Gott auch über seiner Erhaltung. Weil es Ihm gehört, legt Er einen Ring der Bewahrung um das Leben. Darum gibt Er es in unsere Verfügungsgewalt. Denn das Leben, das Gott uns schenkt, ist ja einmalig und unersetzlich. Nicht umsonst sagt Jesus: „Was nützt es einem Menschen, wenn er die ganze Welt gewinnt und doch sein Leben dabei verliert", ein Leben, das er um keinen Preis zurückkaufen kann.

Weil aber Gott „ja" sagt zum Leben, weil es Sein ausgesprochener Wille ist, dass wir leben, darum gibt Er uns, Seinem Volk, dieses Gebot. Das bedeutet aber zunächst uneingeschränkt, dass uns alles Töten verboten ist, auch wenn die Bibel selbst einen Unterschied macht zwischen „Töten" und „Morden." – Ich komme darauf noch zu sprechen.
Grundsätzlich gilt Gottes „Ja" zum Leben!

Das 6. Gebot: Du sollst nicht töten!
<u>Erste</u> Aussage: Gottes „Ja" zum Leben!
Eine <u>zweite</u> Aussage dazu heißt:

2) <u>Vier soziale Brennpunkte und das 6. Gebot!</u>

a) <u>Vergewaltigung!</u>
Ein Mensch, der einen anderen vergewaltigt, greift nach dessen Leib. Er verfügt über den Leib des anderen ohne Rücksicht auf Empfindungen, Gefühle und Entscheidungen des anderen. Er übergeht den anderen und mordet ein Stück seines Lebens. Er greift in das gehütete Intime des Menschen ein.

Auch da, wo die Vergewaltigung nicht mit einer Todesfolge verbunden ist, ist sie Mord, da sie in der Regel eine „Seelenleiche" hinterlässt. Dasselbe gilt für die die „religiöse Vergewaltigung". Sie ist in vielen Fällen schlimmer als die leibliche, „weil sie am tiefsten und nicht selten mit lebenslangen Folgen in das Leben des Menschen eingreift" (Hans Bürki).

b) Selbstmord!

Beim Selbstmord sind der Mörder und der Ermordete ein und dieselbe Person. Der Selbstmord ist die einzige vernichtende Handlung, bei der der Handelnde (das Subjekt) und der Betroffene (das Objekt) identisch sind. Der, der sein Leben selbst beendet, greift in Gottes Machtbefugnis ein. Er bestimmt selbst sein Ende. Er schneidet die Möglichkeit und die Chance ab, unter Gottes Führung zurechtzukommen und weiterleben zu können.

Gott allein weiß, wie viele Faktoren der Krankheitsgeschichte und des Lebens den Selbstmörder zu dieser Tat getrieben haben; dennoch: die Entscheidung zu sterben, seinem Leben selbst ein Ende zu machen, ist Mord. Gott aber sagt zu seinen Menschen: Du mordest nicht. Du setzt dein Ende nicht allein fest.

Hat ein Mensch sein Leben durch Selbstmord beendet, so steht einem andern kein Urteil zu. Wir kennen auch nicht die Tiefe und das Ausmaß einer Verzweiflung, die einen Menschen zu einem Selbstmord bewogen hat. Für ihn bleibt nur die Frage: Warum habe ich den andern in seiner Entscheidung allein gelassen, denn „niemand ist dem Selbstmord näher als der Einsame" (Banine, französische Schriftstellerin).

Jochen Klepper (* 22. März 1903 in Beuthen an der Oder, Landkreis Freystadt, Provinz Schlesien; † 11. Dezember 1942 in Berlin) war ein deutscher Theologe, der als Journalist und Schriftsteller arbeitete.

Er ist einer der bedeutendsten Dichter geistlicher Lieder des 20. Jahrhunderts. Wir verdanken ihm u.a. die schönen Lieder „Die Nacht ist vorgedrungen" und „Er weckt mich alle Morgen." Klepper wurde während der Zeit des Nationalsozialismus wegen seiner „nichtarischen" Ehefrau ausgegrenzt und drangsaliert und nahm sich schließlich mit seiner Familie das Leben.

Die letzte Eintragung im Tagebuch Kleppers lautet: „Nachmittags die Verhandlung auf dem Sicherheitsdienst. Wir sterben nun – ach, auch das steht bei Gott – Wir gehen heute Nacht gemeinsam in den Tod. Über uns steht in den letzten Stunden das Bild des Segnenden Christus, der um uns ringt. In dessen Anblick endet unser Leben."

c) Euthanasie – Sterbehilfe!

Das Reden von Euthanasie, d. h. „gutem Sterben", umfasst heute auch das Verlangen nach Sterbehilfe, speziell die Bitte um Lebensverkürzung. Außerdem ist die Diskussion der aktiven Tötung qualvoll Leidender sowie Schwerst – und Mehrfachbehinderter nicht verstummt.

Werner Catel (* 27. Juni 1894 in Mannheim; † 30. April 1981 in Kiel) war ein deutscher Kinderarzt und Hochschullehrer, der an der Kinder-„Euthanasie" in der Zeit des Nationalsozialismus maßgeblich beteiligt war. Er war von 1933 bis 1945 Professor für Kinderheilkunde an der Universität Leipzig und 1951 bis 1960 in gleicher Stellung an der Christian-Albrechts-Universität Kiel.)

W. Catel forderte 1966 die „Auslöschung idiotischer untermenschlicher Wesen." In seinem Buch „Leidminderung recht verstanden" geht Catel davon aus, dass es sich bei solchen Wesen nicht um Menschen handelt!

Damit wird einigen Menschen das volle Menschsein und ihre Gottebenbildlichkeit abgesprochen.

Das Gebot „Du mordest nicht" dagegen hat zur Voraussetzung, dass jeder Mensch – vom Menschen geboren – ein Geschöpf Gottes ist, geschaffen nach Gottes Bild mit einer Entsprechung zu Gott.

In der atl. Geschichte von der Erschaffung des Menschen (1. Mose 1,26f) wird im Urtext der Mensch mit zwei Begriffen gekennzeichnet, die im Deutschen mit „Bild" und „Gleichnis" wiedergegeben sind: der eine ist „zäläm" = (צֶלֶם) und bedeutet Abbild Gottes, Repräsentant Gottes in dieser Welt; der andere heißt „demuth" = (דְּמוּת), Entsprechung, und besagt: der Mensch ist das Geschöpf, das Gott entsprechen, antworten kann, mit dem Gott selbst eine persönliche Geschichte schreiben will.

Der Rang der Gottebenbildlichkeit kommt jedem Menschen zu, unabhängig von seinem Geschlecht, seiner Begabung, seiner Gesundheit, seinem Intelligenzquotienten, seiner Rasse oder seiner Volkszugehörigkeit. Gott allein weiß, warum es Menschen mit großen Behinderungen gibt. Er ist aber der, der den Menschen gerade so, wie er ist, geschaffen hat. Er allein kann und darf deshalb das Ende des Lebens dieser Menschen bestimmen. Die Aufgabe, die Er den gesunden Menschen stellt, ist, das Leben zu erhalten, damit auch Schwer – und Mehrfachbehinderte zu pflegen und nach dem Sinn zu suchen und zu fragen, worin die Gottesentsprechung eines jeden Menschen besteht.

d) Schwangerschaftsabbruch!

Man spricht manchmal fälschlicherweise von „Unterbrechung der Schwangerschaft", aber es ist in Wirklichkeit ein Abbruch der Schwangerschaft. Der Mensch kann ohne Gott als Schöpfer keinen anderen Menschen schaffen. Es gibt unzählige kinderlose Ehepaare und Paare, die sich mehr Kinder wünschten, als ihnen geschenkt wurden. Das Entstehen eines neuen Menschenlebens liegt nicht allein in der Hand des Menschen. Wo ein Mensch im Mutterleib wird und sich zu entwickeln beginnt, hat Gott gehandelt. Er hat als Schöpfer dieses entstehende und werdende Leben zu seinem Bild bestimmt. In der gerade befruchteten Eizelle ist ein ganzer, von Gott gewollter Mensch angelegt, mit dem Gott eine persönliche Geschichte haben und schreiben will.

Jede Tötung des werdenden Menschen schreit zum Himmel, weil es ein bewusster eigenmächtiger Eingriff ist, ein Mord des wachsenden Lebens. Zirka 100.000 Abtreibungen im Durchschnitt gibt es jedes Jahr in Deutschland. Das von Gott geschaffene Leben wird umgebracht.
Abtreibung bleibt angesichts des Gebotes Gottes „Du mordest nicht" in jedem Fall Schuld.

- Bei der unvermeidlichen medizinischen Indikation steht der Mensch vor dem auch aus anderen Situationen bekannten Konflikt, zwischen zwei Arten von Schuld wählen zu müssen. Hier muss der Mensch Schuld auf sich laden und das Entstehende töten, um das Leben der Mutter zu retten.

- Und wie ist das bei einer Schwangerschaft nach einer Vergewaltigung? Wirklich nicht einfach, die Entscheidung. Aber das Ungeborene kann eigentlich am wenigsten dafür, dass es auf diesem Wege zustande kam.

In diesen vier aus dem sozialen Leben herausgegriffenen Beispielen – Vergewaltigung, Selbstmord, Euthanasie und Abtreibung – gibt Gottes Gebot: „Du mordest nicht" verbindliche Wegweisung und ist eine wichtige Orientierungshilfe bei ethischen Entscheidungen!

Jesus greift in der Bergpredigt das Gebot „Du mordest nicht" auf und führt seine Konkretion noch weiter über das bisher Gesagte hinaus.

Das 6. Gebot: Du sollst nicht töten!
<u>Erste</u> Aussage: Gottes „Ja" zum Leben!
<u>Zweite</u> Aussage dazu heißt: Vier soziale Brennpunkte und das 6. Gebot!
<u>Dritte</u> und letzte Aussage:

3) <u>Das 6. Gebot und Jesus!</u>

a) <u>Viele offene Fragen bleiben!</u>
Viele offene Fragen bleiben! Das Thema ist nicht einfach. Hat z. B. ein Staat das Recht, Mörder hinrichten zu lassen? Soll ein Arzt unter allen Umständen einen – im Sterben liegenden, bereits vom Tode gezeichneten – Menschen mit den modernen medizinischen Möglichkeiten das Leben für weitere leidensvolle Tage oder Wochen verlängern?

Und da ist die ethische Frage, wie es um das Töten im Krieg steht und bei wem die Verantwortung dafür liegt? Im AT gibt es da Unterschiede, auf die ich schon hingewiesen habe. Aber wie ist es mit dem Gebot der Feindesliebe Jesu. Schließt dieses Gebot nicht das Töten im Kriege aus? Als die Piloten die Atombombe über Hiroshima abwarfen und das Ausmaß ihrer Handlung – bei denen ca. 140.000 Menschen ums Leben kamen – wahrgenommen und begriffen haben, sollen sie laut geschrien haben: „Oh, mein Gott! Oh, mein Gott!"

b) Gott bleibt bei Seinem „Ja" zum Leben!

Wir können es drehen und wenden wie wir wollen: Gott bleibt bei Seinem „Ja" zum Leben! Dieses 6. Gebot macht uns sehr deutlich, dass irgendetwas mit dieser Welt nicht stimmt, sonst wäre es nicht nötig gewesen. Das 6. Gebot ruft nach Erlösung. Und Gott selbst beantwortet diesen Schrei nach Erlösung mit der Sendung Seines Sohnes Jesus Christus, des Erlösers, in die Welt. Weil Er weiß, dass die Menschheit sonst verloren ist und sich selbst tötet.

Aber Gottes Lebenswille ist stärker als unser menschlicher Vernichtungswille. Gott ist hier unnachgiebig. Er siegt. Dafür gibt es einen Beweis. In Jesus liefert Er den Beweis. In Jesus erscheint Sein nicht zu toppendes „Ja zum Leben", sichtbar, bekräftigend, gültig. Zwar wird Jesus vom Hass und von der Wut der Menschen getötet. Aber Er ersteht vom Tod. Er ist wahrhaftig auferstanden. Das Leben siegt. Dagegen kommt selbst die höllische Lebensverneinung nicht an Bei diesem „Ja Gottes" bleibt es. „Ich lebe – und ihr sollt auch leben", sagt Jesus.

c) Beispiel 61 (Quelle: Schäfer, Band 1– Hört ein Gleichnis!

Der Essener Jugendpfarrer Wilhelm Busch erzählt: Da saßen sie vor mir, meine 80 Konfirmanden. Es waren die ersten, die ich als ganz junger Pfarrer in der Großstadtgemeinde unterrichtete. Ich hatte noch wenig Ahnung, wie es in den großen Mietshäusern aussah, aus denen diese Kinder kamen.

„Heute wollen wir das Gebot besprechen: ‚Du sollst nicht töten.'" Etwas verständnislos schauten mit die 80 Gesichter an. Man sah es auf den ersten Blick, dass sie nicht die Absicht hatten, Mörder zu werden. Ich musste versuchen, ihnen klarzumachen, dass vor Gott ein Streit ebenso schwer wiegt wie ein Mord. Aber – wussten diese Kinder viel von Streit?

Ich wollte erst einmal die Lage klären, und so fragte ich: „Kinder, bei wem ist Krach im Hause?" – Darauf gingen so viele Finger hoch, dass ich es gar nicht mehr überschaute. „Halt!" rief ich. „Wir machen es umgekehrt! Jetzt sollen mal die alle aufstehen, bei denen es kein Krach im Hause ist!" – Vier Kinder standen auf.

„Wie? Bei euch ist kein Krach? Offenbar gehört das doch hier zum täglichen Brot! Warum ist denn bei euch kein Krach?" Antwort – wie aus einem Mund: „Wir wohnen allein!"

Wilhelm Busch weiter: „In diesem Augenblick ging mir etwas auf von der grenzenlosen Einsamkeit Jesu, der mal gesagt hat: „Selig sind die Friedfertigen, denn sie werden Gottes Kinder heißen."

d) Jesus in der Bergpredigt!

Was sagt Jesus zum 6. Gebot? Jesus stößt in der Bergpredigt zum Kern des Gebotes, wenn Er sagt, Matthäus 5, 21-26: „[21] Ihr habt gehört, dass zu den Alten gesagt ist (2.Mose 20,13; 21,12): »Du sollst nicht töten«; wer aber tötet, der soll des Gerichts schuldig sein. [22] Ich aber sage euch: Wer mit seinem Bruder zürnt, der ist des Gerichts schuldig; wer aber zu seinem Bruder sagt: Du Nichtsnutz!, der ist des Hohen Rats schuldig; wer aber sagt: Du Narr!, der ist des höllischen Feuers schuldig. [23] Darum: wenn du deine Gabe auf dem Altar opferst und dort kommt dir in den Sinn, dass dein Bruder etwas gegen dich hat, [24] so lass dort vor dem Altar deine Gabe und geh zuerst hin und versöhne dich mit deinem Bruder, und dann komm und opfere deine Gabe. [25] Vertrage dich mit deinem Gegner sogleich, solange du noch mit ihm auf dem Weg bist, damit dich der Gegner nicht dem Richter überantworte und der Richter dem Gerichtsdiener und du ins Gefängnis geworfen werdest.

²⁶ Wahrlich, ich sage dir: Du wirst nicht von dort herauskommen, bis du auch den letzten Pfennig bezahlt hast."   Das ist der Hammer, oder!

Jesus verschärft das 6. Gebot bis zum Äußersten, indem Er in Seiner Auslegung des 6. Gebotes aufdeckt, dass die Konflikte, die zum vollendenten Mord führen, im Herzen des Menschen entstehen. Es geht Ihm dabei darum, ob unsere Beziehungen – Mann, Frau, Eltern, Kind, Nachbarn, Arbeitskollegen usw. – heil und ganz sind. Dabei dringt Jesus in Seiner Auslegung vor bis zu den heimlichen Regungen, bis zu den versteckten Gefühlen und Empfindungen. Jesus steigt hinab in die Abgründe des Herzens. In Seiner Predigt auf dem „Berg der Selig-preisungen" greift Er dreimal je zwei Menschen heraus, um an ihnen deutlich zu machen, wo Mord beginnt und wie dem Morden entgegen-zutreten." Er spricht hier beispielsweise:

- ❖ Von zwei Menschen auf dem Weg durchs Leben,
- ❖ Von zwei Menschen auf dem Weg zum Gottesdienst,
- ❖ Von zwei Menschen auf dem Weg zum Richter.

Martin Luther hat einmal gesagt, und damit kommen wir ganz dicht heran an die Auslegung Jesu in der Bergpredigt: „Wo der Totschlag verboten ist, ist auch die Ursache des Totschlagens verboten!"

Was kann da helfen? Wie kann man dieses „Ursachen" in den Griff kriegen? Wir biegen in die Zielgerade ein!

e) <u>Ein neues Herz!</u>

Am 3. Dezember 1967 führte ein südafrikanisches Transplantationsteam unter der Leitung von Christiaan Barnard die weltweit erste Herztransplantation bei einem Menschen am Groote Schuur Hospital in Kapstadt durch.

Zirka 600 Jahre v. Chr. bekam der Prophet Hesekiel im babylonischen Exil eine Vision über eine Herztransplantation ganz anderer Art. Er sieht im Geist Pfingsten voraus und beschreibt das mit den Worten:

„[26] Und ich will euch ein neues Herz und einen neuen Geist in euch geben und will das steinerne Herz aus eurem Fleisch wegnehmen und euch ein fleischernes Herz geben. [27] Ich will meinen Geist in euch geben und will solche Leute aus euch machen, die in meinen Geboten wandeln und meine Rechte halten und danach tun."

Das ist der von Gott gewiesene Weg, wie man die Gebote halten kann, durch eine Veränderung von innen her, durch das Wirken des H.G. wird das Herz von innen her erneuert! Es kommt zu einer geistlichen Herztransplantation, die eine neue Gesinnung hervorbringt und damit ein Leben, das Gott gefällt: „[27] Ich will meinen Geist in euch geben und will solche Leute aus euch machen, die in meinen Geboten wandeln und meine Rechte halten und danach tun."

f) Zusammenfassung!

Das 6. Gebot: Du sollst nicht töten!

Erste Aussage: Gottes „Ja" zum Leben!

Zweite Aussage dazu heißt: Vier soziale Brennpunkte und das 6. Gebot!

Dritte und letzte Aussage: Das 6. Gebot und Jesus!

Amen!

---

8. 2. Mose 20,14 + 5. Mose 5,18 – Du sollst nicht ehebrechen! (7. Gebot)

a) <u>Einstieg:</u>

Gott meint es gut mit uns! Und darum gibt Er uns Werte, gute Werte, ewige Werte, damit unser Leben gelingen kann! Die Frage nach den Grundwerten des menschlichen Lebens: Woran kann ich mich halten? Und was gibt mir Orientierung und Sicherheit, ist aktueller denn je! Denn wir leben in einer Zeit großer Verunsicherung und Orientierungslosigkeit. Und darum ist es so wohltuend, dass Gott uns in den 10 Geboten zehn Grundwerte gegeben hat, die unsere Beziehung zu Ihm und unsere zwischenmenschlichen Beziehungen ganz konkret und positiv zu unseren Gunsten regeln! Gott meint es wirklich gut mit uns!

Und das Leben nach diesen Werten und Geboten führt den Menschen allgemein und den Christen im speziellen in eine königliche Freiheit!

b) <u>Thema und Bibeltext und Hinführung!</u>

„Du sollst nicht ehebrechen!" so steht es in 5. Mose 5,18 und in 2. Mose 20,14. Darum geht es heute, um das 7. Gebot!

Es gibt traurige Statistiken darüber, dass fast 30 % aller verheirateten Männer und Frauen schon einmal die Ehe gebrochen haben. Womit hängt das zusammen? Damit, dass man gültige Werte – wie das 7. Gebot – aus den Augen verloren hat. In Sprüche 29,18 schreibt Salomo: „Wo keine Offenbarung ist, wird das Volk wild und wüst; aber wohl dem, der auf die Weisung achtet!"

- „Wo keine Offenbarung mehr ist, wörtlich – Gesicht, Erscheinung, Vision – wird ein Volk wild und wüst, wörtlich – zügellos und haltlos, es verwildert." Zuerst im Denken, dann im Handeln.
- „Aber wohl ihm, wörtlich – glücklich zu preisen ist es, wenn es die Weisung, das Gebot – so wörtlich – behütet, bewacht und bewahrt."

Vor 30 Jahren – Mitte Juni 1992 – brachte der Spiegel eine Ausgabe heraus mit dem Titel: Was glauben die Deutschen? Abschied von Gott. Ein zusammenfassendes Resümee lautet – vor 30 Jahren – Die Deutschen sind ein heidnisches Volk mit christlichen Restbeständen! :/ - Das ist ein Ding, oder? Und heute, eine Generation später? Wie sieht es heute aus?

Eine geistliche Erweckung haben wir wohl nicht! Von daher finde ich es sehr gut, dass ihr Quickborner durch eure Predigtreihe den Mut habt, die 10 Gebote in Erinnerung zu rufen.

„Du sollst nicht ehebrechen!"
Und ich habe euch dazu 5 Gedanken mitgebracht, die ich jetzt gern predige und weitergebe.   Erster Gedanke:

1) Die Ehe als Geschenk Gottes!

a) Gott ist der Erfinder der Ehe!
Gott will die Ehe! Gott ist der Erfinder der Ehe! Als er Adam erschuf, heißt es wenig später: „Es ist nicht gut, dass der Mensch allein sei; ich will ihm eine Gehilfin – eine Geh-Hilfe – machen, die um ihn sei." 1. Mose 2,18
Und dann gibt es eine Vollnarkose für Adam, und Gott bildete die Eva aus der Rippe des Mannes. Für einen ehemaligen Krankenpfleger liest sich das interessant, denn eine Rippe gehört zu den platten Knochen, und in den platten Knochen geschieht die Blutbildung, und im Blut ist das Leben.

Eine jüdische Legende sagt: Gott hat die Eva nicht aus dem Fußknochen geschaffen, damit Adam nicht auf ihr herumtrampelt, und auch nicht aus seinem Kopfknochen, damit er sie nicht unterdrückt und beherrscht, sondern bewusst aus einem Rippenknochen, der in der Nähe seines Herzens ist.

Gott selbst führt dann wie ein Brautführer die Frau dem Manne zu. Und dieser reagiert in höchster Freude mit einem Jubelruf, man kann auch sagen, mit einem Liebeslied empfängt der Mann das neue Geschöpf, seine ihm von Gott zugeführte Frau. Als der Mann seine Frau sieht, die Gott für ihn geschaffen hatte, wusste er: Sie ist die ersehnte Gehilfin. Im Deutschen hört sich das etwas verstaubt, altmodisch und abwertend an, aber aus dem Hebräischen kann man das Wort „Gehilfin" übersetzen: „Die den Mann vervollständigt, oder das Seitenstück, das dem Mann fehlte." Das entlockt dem Adam – als er seine Eva sieht – einen Ruf der Freude und des Entzückens: „Hey, diese da, diese ist endlich Bein von meinem Bein und Fleisch von meinem Fleisch! Diese soll Männin heißen, denn vom Manne ist diese genommen" 1. Mose 2,23
Jemand (J. G. Herder) sagte dazu: „In der jauchzenden Bewillkommnung bringt der Mann zum Ausdruck: Jetzt hat er die Hilfe gefunden, die ihm entspricht, er hat eine Gehilfin, einen Beistand, eine ‚Widerspiegelung' seiner selbst, in der er sich selbst wiedererkennt."

So begann die Geschichte der Ehe, im Garten Eden. Nach dem biblischen Schöpfungsbericht ist die Ehe das Eingehen der denkbar engsten Bindung zwischen *einem* Mann und *einer* Frau. „Darum wird ein Mann seinen Vater und seine Mutter verlassen und seiner Frau anhangen, und sie werden eins sein nach Leib und Seele." 1. Mose 2,24

„Und so schuf Gott die Menschen nach seinem Bild, als Gottes Ebenbild schuf er sie und schuf sie als Mann und als Frau." 1. Mose 1,27

Er schuf sie „männlich" und „weiblich"; Er schuf sie nicht „sächlich" oder „divers"! Die Lehre, dass es in der Urzeit ein Wesen gab, dass beide Geschlechter in sich vereinte, hat in der Bibel keinen Grund. Sie stammt aus der griechischen Philosophie und ist von hier aus in manche Konzeptionen christlicher Ethik eingeflossen. Die Lehre, wonach die Zweigeschlechtigkeit erst nach dem Sündenfall entstand, ist ebenfalls ein philosophisches Gedankenspiel, das die geschlechtlichen Beziehungen in der Ehe abwertet zugunsten eines geschlechtslosen, sogenannten „engelgleichen" Lebens. Gott schuf den Menschen als Mann und als Frau, das sind zwei Geschlechter.

b) <u>Gott will und segnet die Ehe!</u>

Gott will die Ehe. Sonst hätte Er nicht Menschen verschiedenen Geschlechts geschaffen, und zwar füreinander. Sonst hätte Er ihnen die Bestimmung zur geschlechtlichen Gemeinschaft, den Sexualtrieb nicht eingepflanzt und mit erotischen Empfindungen und die Liebesfähigkeit geschenkt. Er hätte dem Adam stattdessen ja noch einen anderen Adam zur Seite stellen können.

Nein, die Erschaffung des Menschen zielte von vornherein auf die eheliche Gemeinschaft, in der *ein* Mann und *eine* Frau ein Fleisch werden und darin zum Ausdruck bringen, was volles Menschsein ist.

Aber eben dies findet Gott gut – nicht für sich, sondern für Seine Menschen. Darum segnet Er diese Gemeinschaft. Sie soll eine Stätte des Sich-Annehmens und der gegenseitigen Hilfe sein, ein Ort des Vertrauens, und der gegenseitigen Hingabe, die zur Geborgenheit führt.

Hier soll ein Mensch sein irdisches Glück und seine irdische Erfüllung finden. „Du sollst nicht ehebrechen!" 1) Die Ehe als Geschenk Gottes!
Ein zweiter Gedanke:

2) Was die Ehe einzigartig macht!

a) E-H-E!

Was Gott erschaffen hat, das möchte Er auch erhalten und segnen! Gott kümmert sich um unsere Ehen!

Was mich aber sehr froh macht und mich für alle Ehen hoffen lässt, ist die Anwesenheit eines Dritten in der ehelichen Gemeinschaft.

Es ist so, wie ich das mal in einer Predigt hörte und auch selbst gern verwende:
E H E buchstabiert sich wie folgt: Links ein „E", rechts ein „E" und ein „H" in der Mitte. Links „Einer", rechts „Einer" und der „Herr" in der Mitte! – Damit sind nicht automatisch alle Probleme gelöst, aber mit Gottes Hilfe lassen sich auch in der Ehe manche Schwierigkeiten besser überwinden! Wir brauchen alle den „Segen Gottes", auch und besonders für unsere „Ehen". Denn „Segen Gottes" bedeutet so viel wie „gelingendes Leben!" Und an Gottes Segen ist alles gelegen!

- Ohne Jesus kann ein Ehemann und eine Ehefrau die Empfehlungen, die Gott für ein gelingendes Eheleben in der Bibel gibt, nicht oder nur schwer umsetzen!
- Es ist Jesus Christus, der Stifter der Ehe, der einer Ehe Tiefgang, Sinn und Gelingen schenken kann und will. Jesus segnet unsere Ehen!

b) Ehen werden für die Erde geschlossen!

Und doch ist auch das andere wahr: Ehen werden nicht im Himmel, sondern für die Erde geschlossen! „Die Ehe ist ein irdisch Ding", konnte Martin Luther mal sagen. Sie sind und sie bleiben im Ganzen eine irdische Angelegenheit, eine Angelegenheit *eines* Mannes und *einer* Frau, die ihre Zuneigung, ihre Liebe zueinander entdeckten; denen auf einmal   bewusst wurde, in dem anderen die Ergänzung, den Partner gefunden zu haben; die darum gemeinsam beschlossen, dem Ja ihrer Liebe zueinander nun das Ja einer dauerhaften Lebensgemeinschaft auf Gedeih und Verderb hinzuzufügen.

Eine solche Entscheidung gehört gewiss zu den größten und wichtigsten, die Menschen in ihrem Leben treffen können. Aber sie gilt – wie es ja auch im Eheversprechen und der Trauformel heißt – für das gemeinsame Leben auf der Erde, „bis der Tod euch scheidet". Aber sie kann mit Gottes Hilfe und Segen ein „Stück Himmel auf Erden" werden.

c) Fünf Ringe einer Kette für die Ehe!

Ein bekannter evangelischer Eheberater – Dr. Guido Groeger – hat einmal von *fünf Ringen einer Ehe* gesprochen, die zusammen eine Ehe umschließen. Jeder dieser Ringe ist wichtig.

Der erste Ring ist die wirtschaftliche Gemeinschaft der Eheleute. „An der leeren Krippe beißen sich die Pferde", lautet ein Sprichwort. Wieviel Sprengstoff liegt gerade bei der Frage nach dem lieben Geld und seiner Verteilung in vielen Ehen! Das kann zu Spannungen und zu einer Krise führen, zu Gemeinschaftszerbruch, Liebeszerbruch, Ehezerbruch!

Ist es da verwunderlich, dass nun Sehnsüchte aufbrechen nach einem anderen Leben, nach wirklicher Gemeinschaft der Liebe, die alles und damit auch den wirtschaftlichen Bereich umfasst? Wo solche Sehnsüchte im Herzen eines Ehepartners Raum finden, ist die Tür des Ehehauses bereits aufgeschlossen, und die Gefahr ist groß, dass ein Fremder von außen eindringt.

Der zweite Ring ist die leibliche Gemeinschaft. Das kann auch in einer christlichen Ehe große Spannungen und Fragen auslösen. Dunkle Wolken von Ängsten und Gewissensbissen können da am ehelichen Horizont aufziehen. Wie wenig innere Freiheit, wie wenig Freude aneinander, wie wenig Dank zu Gott für das Glück geschlechtlicher Gemeinschaft ist hier manchmal auch in christlichen Ehen zu finden! Da wird dann nur noch freudlos von der „ehelichen Pflicht" geredet. Und das hat dann wenig mit einer geduldigen, liebevollen Bemühung und einem erfüllten Sexualleben in der Ehe zu tun.

Der dritte Ring ist die seelische Gemeinschaft. Die Zuwendung, gute Worte und nette Gesten, Liebesbriefe, Zärtlichkeiten; all diese Dinge gehören nicht nur zum Schwung der Frühlingszeit in einer Ehe, sondern dürfen das ganze Eheleben andauern. Auch ein altes Ehepaar sollte sich solcher Gefühlsäußerungen nicht schämen. Man kann manchmal auch beobachten, dass die „Tiernamen" sich verändern: Aus Mäuschen wird Kuh, aus Schnuckelbär wird Elefant, usw. – Wusstet ihr übrigens, dass „Schatzi" eine Mischung aus „Schaf" und „Ziege" ist? Man kann sich nicht entscheiden. Nein, war ein Scherz. Aber die seelische Gemeinschaft ist eine wichtige Gemeinschaft in der Ehe.

Wenn wir mit Komplimenten oder netten Gesten geizen, brauch nur noch einer zu kommen, von dem das ausgeht, wonach uns verlangt: Freundlichkeit, Verständnisbereitschaft, Wärme, etc. – werden wir für ihn oder sie empfänglich. Wo man beginnt, einen anderen als seinen Ehepartner netter und sympathischer zu finden, beginnt der Ehebruch. Aber Gott will das nicht. Er sagt uns: Vernachlässigt eure Gefühle nicht! Überwindet eure Müdigkeit, eure Gleichgültigkeit, eure Hemmungen! Hört nicht auf, euch eure Liebe zu sagen und zu zeigen. Das wird Wunder wirken!

Der vierte Ring ist die geistige Gemeinschaft. Wir dürfen auch unser Denken, unsere Interessen, unsere Einsichten, unsere Hobbys teilen. Das A & O einer glücklichen und gesegneten Ehe ist das gemeinsame Gespräch und sich Interessieren für das Leben des Ehepartners. Ein Mann, der sich seiner Frau nicht mitteilt, schließt sie aus und umgekehrt.

Und da ist noch der fünfte und letzte Ring, die Glaubensgemeinschaft. Gott sitzt mit im Ehe-Boot, das ist sehr beruhigend. Das gemeinsame Hören auf Gottes Wort und der Austausch darüber, das gemeinsame Gehorchen, das gemeinsame Dienen und Opfern, das gemeinsame Beten. E-H-E = Links „einer", rechts „einer" und der „HERR" in der Mitte. Erst von hierher können vor Gott und miteinander Spannungen gelöst, Schuld aneinander bewältigt und neue Anfänge gefunden werden. Das gemeinsame Gebet um Vergebung und um die Kraft zum Lieben, das auch Gott kommt und unsere Liebesfähigkeit immer wieder neu belebt, hält die Ehe zusammen und macht sie zu einer erfüllten Ehe.

So kommt uns von Gott zu, was wir dann in freier Verantwortung zu unserem eigenen Glück gestalten sollen und können – und die fünf Ringe werden uns bergen.

Was die Ehe einzigartig macht! Dass Gott mit im Ehe-Boot sitzt!

Denn was Gott erschaffen hat, das möchte Er auch erhalten und segnen! Gott kümmert sich um unsere Ehen! Alle Lebensbereiche sind darin enthalten. Er hilft uns, die fünf Ringe mit Leben zu füllen:

- Den Ring der wirtschaftlichen Gemeinschaft!
- Den Ring der leiblichen Gemeinschaft!
- Den Ring der seelischen Gemeinschaft!
- Den Ring der geistigen Gemeinschaft!
- Den Ring der Glaubensgemeinschaft!

„Du sollst nicht ehebrechen!"

Erster Gedanke: Die Ehe als Geschenk Gottes!

Zweiter Gedanke: Was die Ehe einzigartig macht

Ein dritter Gedanke zum 7. Gebot heißt

3) Angriff auf die Ehe!

a) Der Sündenfall als Ursache!

Das, was Gott in Seiner Schöpfung so gut gemeint hatte, was auch gut war, blieb nicht gut. Denn als sich die Menschen von Gott lösten, wie es die Geschichte vom Sündenfall zeigt, fiel der dunkle Schatten der Sünde und des Sich-Verfehlens auch auf die Gemeinschaft von Mann und Frau.

Da wurden Sexualität und Erotik zu dämonischen, zerstörerischen Kräften. Die wunderbare Schale hatte einen bösen Riss bekommen. Sie steht dauernd in Gefahr, in Scherben auseinanderzubrechen.

Weil die Dinge so stehen, ist es umso wertvoller, dass Gott sich auch um unsere Ehen kümmert, dass es Ihm nicht gleichgültig ist, was sich hier bei uns abspielt, dass Er auch weiterhin unser irdisches Glück will.

Er tut dies, indem Er mit diesem Gebot „Du sollst nicht ehebrechen!" einen bewahrenden Ring um die vom Zerspringen bedrohten Schalen der Ehen legt und sie so zusammenhält.

Es wird hier also entscheidend darauf ankommen, ob wir hier auf die Stimme Gottes hören und ihr folgen – denn das Glück unserer – auch als Glaubende immer wieder gefährdeten Ehen wird davon abhängen.

b) Du brichst die Ehe nicht!

Und darum sagt Gott: „Du sollst nicht ehebrechen!" – Wörtlich:

- „Du brichst die Ehe nicht!" Oder:
- „Du brichst die Ehe nicht, weil du mich kennst!"
- In der hebr. Bibel steht ein Verneinungswort (es gibt mehrere), dass eine scharfe ausschließliche Bedeutung hat. Das Wort, das hier steht – לא bedeutet = „Du sollst und darfst die und die Handlung niemals tun!" Dieses Verneinungswort drückt ein absolutes Verbot aus.
- Überhaupt werden diese „Verbote" in der hebr. Bibel viel lebendiger ausgedrückt als in den gängigen Übersetzungen. Das hängt mit dem Bindewort „und" zusammen und hört sich dann aus dem Hebräischen übersetzt *so* an:
  - [17] Du sollst nicht töten. –
  - [18] Und du sollst nicht ehebrechen. –
  - [19] Und du sollst nicht stehlen. –
  - [20] Und du sollst kein falsches Zeugnis gegen deinen Nächsten ablegen.   Und – und – und …

- o Da spürt man die Dringlichkeit und die Wichtigkeit dieser Ge – und Verbote noch viel mehr.

Das Wort Gottes für sein Volk, „Du brichst die Ehe nicht", schützt die Ehe vor allem ehewidrigen und ehezerstörenden Denken, Reden und Tun. Nach Gottes Gebot gibt es keine körperliche Liebe und Gemeinschaft außerhalb des von Ihm gestifteten Zusammenlebens der einen Frau und des einen Mannes.

c) <u>Der Schutz der Ehe!</u>
Mit diesem Gebot schützt Gott die Ehe vor 3 Angriffen!
Der <u>1. Angriff</u> kommt aus der Richtung „außereheliche Beziehungen"!
Außereheliche Beziehungen sind im Raum des Gottesvolkes Israel undenkbar. Wo sie bekannt wurden, mussten beide, Mann und Frau sterben (3. Mose 20,10; 5. Mose 22,22). Solange Israel die Zusage Gottes gelten ließ: „Ich bin dein Gott", so lange galt: „Du brichst die Ehe nicht!" Oft hing damals der „Ehebruch" auch mit dem Eindringen von Götzendienst zusammen.

Um dies dem Volk für alle Zeiten klarzumachen, musste der Prophet Hosea eine Frau heiraten, die in einem Baalstempel außereheliche Beziehungen eingegangen war. Hosea musste den Weg des Volkes Israel beklagen und unter das Gericht Gottes stellen. Das Volk Israel hatte seinen Gott verlassen und die Ehe, den heiligen Bund, gebrochen. Damit stand das Volk nicht mehr unter der Zusage: „Ich bin dein Gott!"

Joseph wehrte sich gegen die Verbindung mit Potiphars Frau, weil er nicht gegen Gottes Gebot verstoßen wollte (1. Mose 39).

Auch der, der heute außereheliche Beziehungen pflegt, entzieht sich der Zusage Gottes! Er handelt gegen das Gebot „Du brichst die Ehe nicht", das seinen Grund und seinen Anspruch aus der alle Gebote überragenden Erklärung Gottes erhält: Ich bin dein Gott. Gott will die Eingrenzung der ehelichen Gemeinschaft so sehr, wie Er ganz allein der Gott der Menschen sein will.

Der 2. Angriff kommt aus der Richtung „voreheliche Beziehungen"!
In gleichem Maße, wie die außerehelichen Verbindungen für das AT aufgrund der Exklusivität der Ehe undenkbar sind, so sind es auch die vorehelichen Beziehungen. Dabei unterscheidet das Gesetz einmal die vorehelichen Kontakte zwischen einem Mann und einem Mädchen, das bereits mit einem anderen verlobt ist, und einem Mädchen, das noch keinem Mann versprochen ist.

Das „Verlöbnis" war im AT ein Rechtsakt, der die Voraussetzung für die Eheschließung schaffte. Wo ein Mann mit einem Mädchen voreheliche Beziehungen hatte, die noch nicht einem anderen versprochen war, nahm er die Ehe vorweg. Er war damit an dieses Mädchen gebunden und musste die Ehe mit ihr eingehen. Er durfte sie zeitlebens nicht mehr verlassen (5. Mose 22,29).

Diese Gesetzgebung war zur Zeit Jesu noch voll in Geltung. Auf diesem Hintergrund versteht man auch den Konflikt, in den Joseph geriet, als er hörte, dass Maria, seine Verlobte, schwanger war (Mt. 1,18-22). Da er selbst nicht der Vater war, konnte er nur an Treuebruch denken, der Maria unter das Gesetz der Steinigung stellte.

Auch die vorehelichen Beziehungen zweier Menschen, die einander versprochen waren, sind nicht mit dem Gebot Gottes in Einklang zu bringen. Sie sind eine Vorwegnahme der Ehe, ein Handeln außerhalb der Ordnung, die unter Gottes Segen steht.

Zwei Menschen, die ohne Trauung zusammenleben, beginnen ihr gemeinsames Leben ohne den Segen Gottes.

Sie lassen nicht zu, dass Gott sie zusammenfügt. Ihre spätere Trauung ist die Bitte um Gottes nachträgliches bestätigendes Handeln.

Der 3. Angriff kommt aus der Richtung „Homosexualität"!

Zu dem ehewidrigen und ehezerstörenden Handeln gehören nach dem biblischen Zeugnis körperliche Kontakte zwischen gleichgeschlechtlichen Partnern. Das AT nennt sie Gräuel und Schändlichkeit und stellt sie unter Todesstrafe (3. Mose 20,13). Das fällt im NT weg. Trotzdem sucht man eine Erlaubnis für praktizierende Homosexualität im NT vergeblich.

Sie bleibt ein dem Schöpferwillen Gottes widersprechendes Geschlechtsverhalten. Paulus schreibt in seinen Briefen, dass ein solches Verhalten Gott zuwider und mit dem Teilhaben am Reich Gottes unvereinbar ist (1. Tim. 1,10; 1. Kor. 6,9; Röm. 126.27). Paulus deutet dieses Sexualverhalten als ein Zeichen dafür, dass die Menschen von Gott abgefallen sind und dass die Welt ohne Gott in Unordnung gerät.

Dieses Thema bedarf der seelsorglichen Begleitung. Allein in der Begegnung mit Gott gibt es für den Homosexuellen Hilfe. Dabei kann der Homosexuelle von seiner Neigung befreit werden. Oder es wird ihm ein Leben ermöglicht, in dem er die Homosexualität nicht mehr praktizieren muss (1. Kor. 6,9-11).

Angriff auf die Ehe! Gott hält dagegen mit dem 7. Gebot: „Du brichst die Ehe nicht ... weil du mich kennst und weil du sonst das höchste Glück aufs Spiel setzt, dass ich – Gott – mir für das Leben zweier Menschen auf dieser Erde ausgedacht habe.

„Du sollst nicht ehebrechen!"
Erster Gedanke: Die Ehe als Geschenk Gottes!
Zweiter Gedanke: Was die Ehe einzigartig macht
Dritter Gedanke: Angriff auf die Ehe!
Ein vierter Gedanke lautet:

4) Das Scheitern der Ehe!

a) Sehen – Begehren – Tun!
Und wenn es dann passiert ist, das mit dem Ehebruch! Dann ist die Not groß! Dann fließen viele Tränen! Dann ist viel Vertrauen zerstört und dann sind viele Gefühle verletzt worden, usw.!

Lasst mich kurz auf einen verhängnisvollen Mechanismus hinweisen, wodurch so eine Not entstehen kann. Kann auch eine Prophylaxe sein.
Dieser verhängnisvolle Mechanismus besteht aus 3 Schritten: Sehen – Begehren – Tun!

- Eva „sah" im Paradies die verlockende Frucht; sie „begehrte" sie, und dann „nahm" sie diese Frau vom Baum der Erkenntnis des Guten und des Bösen ... und dann wurden ihre Augen aufgetan.

- Achan „sah" eine verlockende Beute bei der Eroberung Jerichos; er „begehrte" sie und er „nahm" sie. Und Israel kassierte eine verheerende Niederlage beim Kampf um die Stadt Ai.

- David „sah" die Bathseba, wie sie badete; er „begehrte" sie und es kam zum Ehebruch.

Immer der Dreiklang: Sehen – Begehren – Tun! „Begehren" bedeutet nicht nur seelische Regungen, sondern einen Willensentschluss. Dann ist es nicht mehr weit, um aus dem Gedanken eine Tat entstehen zu lassen. Darum sagt Jesus in der Bergpredigt (Mt. 5,28: „Ich aber sage euch: Wer eine Frau ansieht, sie zu begehren, der hat schon mit ihr die Ehe gebrochen in seinem Herzen." Den „ersten Blick" kann man zwar nicht vermeiden, aber den zweiten und dritten Blick schon. Flucht …

b) Verschiedene pharisäische theologische Schulen!

„Du sollst nicht ehebrechen!" – Damals zur Zeit Jesu gab es zwei theologische Positionen zum Thema Ehebruch unter den Pharisäer-Schulen. Die Schule von Rabbi Schammai. Der lehrte seine Schüler, nur dann einer Scheidung zuzustimmen, wenn ein erwiesener Ehebruch vorliegt. Die andere Schule, die von Rabbi Hillel, war wesentlich liberaler. Ein Mann kann sich von seiner Frau schon scheiden lassen, wenn sie ihm den Gehorsam verweigert. Oder auch dann, wenn er mit seiner Frau unzufrieden war. Bereits das Anbrennenlassen des Essens ist Grund genug, seine Frau per Scheidebrief zu entlassen. Ein Schüler Hillels Rabbi Akiba, ging noch weiter, wenn er sagt: „Man kann eine Frau entlassen, wenn man eine andere findet, die schöner ist."

Heute kann die Ehe auf Antrag eines Ehepartners, auf Antrag der Frau oder des Mannes, geschieden werden. Damals gab es in der Scheidungs-Praxis nur eine Einbahnstraße. Allein der Mann konnte seine Frau verstoßen. Die Frau war dem Mann ausgeliefert. Der Mann war Herr der Frau.

c) Jesus und die Ehe und die Praxis der Ehescheidung!

Jesus dagegen stellt Mann und Frau auf eine Ebene, was ihren Wert angeht! Das war revolutionär damals. Und das gilt übrigens bis heute. Und Jesus spricht sich eindeutig dafür aus, dass die Ehe nicht geschieden werden sollte, sondern für das ganze Leben gestiftet worden ist.

Er nennt nur einen Grund für die Ehescheidung: den Ehebruch!

d) Drei Gründe für Ehescheidung!

Wenn ihr mich fragt, wie ich das sehe? Ich kann auf Grund des biblischen Befundes und auch aus den Erfahrungen der Seelsorge nur aus drei Gründen eine eventuelle Scheidung sehen und begründen:

1. Ehebruch. Scheidung dann nur, wenn nichts mehr zu kitten und zu versöhnen geht.

2. Der ungläubige Partner verstößt seinen gläubigen Partner, weil der an Jesus glaubt. Aber die Initiative geht vom „ungläubigen Partner" aus, nicht vom „gläubigen Partner". Der kann und sollte weiter in dieser Ehe bleiben.

3. Oder drittens wenn „Gefahr für Leib und Leben" besteht, wenn es zu tätlicher Gewalt in der Ehe kommt und der Schaden größer ist, wenn man bleibt, als wenn man sich scheiden lässt.

Es gibt natürlich auch die Möglichkeit, dass „Ehekrisen" mit Gottes Hilfe überwunden werden können. Vergebung, Versöhnung, Heilung und Neuanfang sind immer Optionen, eben, weil es Gott gibt!
Ein letzter Gedanke zum Thema: „Du sollst nicht ehebrechen!"

5) Bei Gott gibt es Hoffnung für jede Ehe!

a) Ernst Modersohn und Hans Bruns!

Viele Ehen laufen heute etwa so harmonisch ab wie der Streit zwischen Lady Aster und Winston Churchill. In einer Parlamentsdebatte nahm Lady Aster Winston Churchill aufs Korn und fauchte ihn an: „Wenn Sie mein Mann wären, würde ich Gift in Ihren Tee tun!" – Darauf Churchill: „Und wenn Sie meine Frau wären – würde ich den Tee trinken!"

Hier noch 2 Aussagen von zwei erfahrenen Seelsorgern zur Ehe:

1. Aussage: Es gibt 4 Möglichkeiten, Ehe zu leben: 1) Gegeneinander! 2) Nebeneinander! 3) Miteinander! 4) Füreinander! (Ernst Modersohn)
2. Aussage: In einer rechten Ehe sind 4 Dinge zu beachten: 1) Geben! 2) Vergeben! 3) Nachgeben! 4) Nie aufgeben! (Hans Bruns)

b) Ein Wunder göttlicher Barmherzigkeit!

Zum Schluss bleibt der Dank an einen Gott, der unsere Ehen gewollt, geschaffen, erhalten, erlöst und gesegnet hat! E-H-E = Links Einer, rechts Einer und der HERR in der Mitte!

Unsere Ehen stehen fest auf dem Fundament der Versöhnung und der gelebten Vergebung, des Friedens und Vertrauens zueinander und der Liebe Gottes zu uns und der Liebe zueinander – bis der Tod uns scheidet!
Amen!

---

9. 2. Mose 20,15 + 5. Mose 5,19 – Du sollst nicht stehlen! (8. Gebot)

a) <u>Einstieg:</u>

Mit den Zehn Geboten überträgt Gott dem Menschen „Zehn große Freiheiten" (E. Lange). Die uneingeschränkte Aussage: „Du, mein Mensch, du stiehlst nicht", schafft einen Raum, in dem sich menschliche Gemeinschaft entfalten kann. Gott möchte, dass wir freie Menschen sind, gemeint ist besonders die „innere Freiheit"!

Der Grad deines Loslassens und deiner Hingabe an Jesus bestimmt das Ausmaß deiner inneren Freiheit! :/ - Jesus sagt in Matth. 16,24-25 zu seinen Jüngern: „Will mir jemand nachfolgen, der verleugne sich selbst und nehme sein Kreuz auf sich und folge mir. Denn wer sein Leben erhalten will, der wird's verlieren; wer aber sein Leben verliert um meinetwillen, der wird's finden." – Je mehr wir uns an Jesus verlieren, desto mehr gewinnen wir diese innere Freiheit! Im Grunde ist das auch die Botschaft der 10 Gebote: Dabei regeln 4 Gebote die Beziehung zu Gott, und 6 Gebote regeln das menschliche Miteinander.

b) <u>Bibeltext, Thema und Aufbau!</u>

„Du, mein Mensch, du stiehlst nicht!" Oder kurz und knapp: „Du sollst nicht stehlen!" Das ist das 8. Gebot, und das steht an zwei Stellen in der Bibel, in 2. Mose 20,15 und in 5. Mose 5,19. Und darum geht es jetzt in dieser Predigt. Indem Gott den Menschen abhängig macht von den Grundsätzen seiner Gottesherrschaft, setzt Er ihn frei zum Gemeinschaftsleben. Mit der Bindung an sein Wort bietet Gott dem Menschen die Freiheit an, ohne Ausbeutung, Täuschung und Diebstahl leben zu können.

„Du sollst nicht stehlen!" Martin Luther erklärt das in seinem kleinen Katechismus <u>so</u>:

„Wir sollen Gott fürchten und lieben, dass wir unsers Nächsten Geld oder Gut nicht nehmen, noch mit falscher Ware oder Handel an uns bringen, sondern ihm sein Gut und Nahrung helfen bessern und behüten."

Drei kurze Gedanken dazu, die ich in Hansjörg Bräumers lesenswertem Buch „In Freiheit leben" gefunden habe:

1. Der Diebstahl im AT!
2. Der neue Bund und das Gebot: „Du sollst nicht stehlen!"
3. Die Einladung zu einem neuen (christlichen) Leben!

„Du sollst nicht stehlen!"   Ein erster Gedanke:

1) <u>Der Diebstahl im AT!</u>

a) <u>Menschendiebstahl!</u>

Der atl. Begriff „stehlen" umfasst drei Dinge: den Menschendiebstahl, die Täuschung, d. h. den Diebstahl des Herzens, und den Sachdiebstahl.

Im AT gibt es noch den Menschendiebstahl im buchstäblichen Sinn des Wortes. Menschen werden gestohlen und verkauft (2. Mose 21,16). Die Strafe für so ein Vergehen: Der Dieb, der einen anderen Menschen stiehlt und sich Gewalt über ihn anmaßt oder ihn verkauft, wird mit dem Tode bestraft (5. Mose 24,7)! „Du sollst nicht stehlen" heißt dann: Du sollst keinen Menschen zur „Ware" machen und dir aneignen. Das Gebot schützt den Menschen vor willkürlicher Freiheitsberaubung. Gott will, dass wir frei sind. Auch aus dieser Sklaverei sollen wir heraus.

Auch wenn es heute offiziell keinen Menschendiebstahl, keine Sklaverei im klassischen Sinne mehr gibt, blüht dennoch ein Menschendiebstahl in den verschiedensten Formen der Freiheitsberaubung. Das Strafgesetzbuch versteht in § 239 StGB unter Freiheitsberaubung die vorsätzliche und widerrechtliche Einschränkung eines Menschen durch Einsperren, Gewaltanwendung, Hypnose u.a.m. Dort heißt es wörtlich: „Wer einen Menschen einsperrt oder auf andere Weise der Freiheit beraubt, wird mit Freiheitsstrafe bis zu fünf Jahren oder mit Geldstrafe bestraft."

Gottes Gebot schützt den Menschen vor jeglicher willkürlichen Einflussnahme, vor Zwang und jeder Art von Nötigung. Gott verbietet es dem Menschen, seinem Mitmenschen die diesem von ihm gegebene Bewegungsfreiheit zu entziehen. Er untersagt die Ausbeutung menschlicher Lebens – und Arbeitskraft. „Du sollst nicht stehlen" ist deshalb das Verbot, Wehrlose und Unschuldige gefangen zu nehmen. Es ist das Ende aller Peinigung und Folter und der Schutz der Würde und Freiheit menschlichen Lebens. Das 8. Gebot untersagt, die menschliche Lebens – und Arbeitskraft auszubeuten, und das heißt auch: „Du darfst des Nächsten Arbeit nicht ungenügend entlohnen, auch nicht höhere Preise fordern als nötig. Im Klartext:

- Wer ohne Grund Überpreise für Waren fordert, bestiehlt seine Käufer.
- Wer minderwertige Waren zu Qualitätspreisen anbietet, ist ein Dieb.
- Wer seine Angestellten nicht leistungsgerecht bezahlt, bestiehlt sie.
- Umgekehrt kann man auch seinen Arbeitgeber bestehlen durch unordentliches Arbeiten und die Vergeudung von Werkstoffen und Zeit.
- Das 8. Gebot hinterfragt auch die Regeln des modernen Leistungs-sportes auf Kosten der Gesundheit des Sportlers, wenn das ohne dessen Zustimmung geschieht.

- Auch alles profitgierige Management fällt darunter.

Bei all diesem Diebstahl geht es auch um den Diebstahl Gott gegenüber. Gott ist der Eigentümer der Welt und aller Dinge. Wir sind nicht die Besitzer der Welt. Gott gehört alles. Wir Menschen sind nie etwas anderes gewesen als Seine Haushalter und Seine Geschäftsführer.

Wenn ich also mit den mir von Ihm anvertrauten Gütern und Gaben, mit meinem Besitz und Eigentum und Geld und Fähigkeiten nur zu meinem Vorteil umgehe, dann ist das nicht nur Diebstahl meinen Mitmenschen gegenüber, sondern auch Diebstahl Gott gegenüber.

Menschendiebstahl in diesen unterschiedlichen Schattierungen ist also die erste Form des Diebstahls im AT!

b) Täuschung!

Die zweite Form des Diebstahls im AT ist die Täuschung. Das hebr. Wort „ganab" (גנב) – stehlen – bedeutet aber nicht nur Menschendiebstahl, sondern auch täuschen oder betören. Das ist so eine Art anbiedernde und einschmeichelnde Haltung. Von Absalom, einem Sohn Davids, heißt es in 2. Samuel 15,6: „So stahl Absalom die Herzen der Israeliten." Wie denn? Er versprach den Leuten etwas, wenn sie ihm huldigten oder ihm zu einer leitenden Stellung als Richter verhalfen.

Diese Art von Täuschung und Herzensdiebstahl nennt die rabbinische Auslegung das „Stehlen der Gedanken." Beispiel: Man dringt in einen anderen Menschen ein, ihn zum Beispiel als Gast bewirten zu dürfen, aber man hat nicht die Absicht, ihn einzuladen. Oder man macht viele Geschenke in dem Wissen, dass der andere sie nicht annimmt. Man macht Weinfässer auf, um andere zu ehren, obwohl diese Fässer schon verkauft sind.

Man kann heute dazu sehr gut die Reklame und Werbung dazu rechnen, die den Wert des Wertlosen und Minderwertigen trügerisch steigert. Dabei rechnet mit der Gutgläubigkeit und – soll man sagen: dummen Gutmütigkeit der Menschen. Man soll dadurch zum Kauf von Gegenständen überredet werden, obwohl man eigentlich gar keinen wirklichen Bedarf hat. Das ist sicher nicht in allen Fällen so, aber in vielen bestimmt. „Du sollst nicht stehlen, du sollst nicht die Herzen anderer Menschen täuschen!" Das fällt mit unter dieses 8. Gebot.

c) <u>Sachdiebstahl!</u>
Damit sind wir bei der dritten Form des Diebstahls angekommen, dem Sachdiebstahl.

Gott hat überhaupt nichts gegen Besitz oder Eigentum! Im Gegenteil: Im 8. Gebot geht Er ja davon aus, dass Menschen etwas besitzen, und das soll ja durch das Gebot geschützt werden. Das Eigentum ist von Gott gewollt. Viele bekannte Menschen der Bibel waren reich: Abraham oder Hiob, usw.

Aber die Beziehung zum Reichtum oder zum eigenen Besitz und zu anvertrauten Gütern ist entscheidend! Eigentum gibt es nicht erst nach dem Sündenfall, sondern von Beginn der Schöpfung. Gott sagt zum Menschen im Garten Eden: „Ich übergebe euch alle Pflanzen auf Erden" (1. Mose 1,29). Er war es, der die Tiere zum Menschen brachte, um zu sehen, wie dieser sie benennen würde, und stellte fest, ganz so, wie der Mensch sie benennen würde, solle ihr Name sein" (1. Mose 2,19). Im AT bedeutet der Akt der Namensgebung so viel wie Eingliederung in das persönliche Eigentum. Weil Gott dem Menschen das Eigentum gab, darum schützt Er es mit Seinem Gebot „Du sollst nicht stehlen."

Und die rabbinische Auslegung versteht unter Sachdiebstahl das Stehlen von Dokumenten, Grundstücken, Geheiligtem, Wild, Vieh, Geflügel, aber auch den Gedankendiebstahl, den Diebstahl an geistigen und geistlichen Erkenntnissen.

Da alles Eigentum Gabe Gottes ist, gibt es im Alten Testament keine Verherrlichung der Besitzlosigkeit. Vielmehr wird von Abraham gesagt: „Er war sehr reich an Herden, an Silber und an Gold" (1. Mose 13,2). Daraus hat der Schweizer Reformator Johannes Calvin die Beobachtung abgeleitet, dass im irdischen Besitz der Segen Gottes zu erkennen ist. Darum fordert er die Frommen auf, dass dann, wenn ihnen irdisches Glück nicht zuteilwird, daraus zu erkennen, dass der Segen Gottes ausgeblieben ist, „weil sie ihn durch eigene Schuld abgewehrt oder blockiert haben." Manche Ausleger aus dieser Richtung gehen so weit, dass ein Christ aus seinem Reichtum und persönlichen Erfolg erkennen kann, ob er von Gott geliebt und auserwählt ist für Gottes Reich. Das ist genau so schräg, wie das Gegenteil, dass manche Christen die Meinung vertreten: Ein echter Christ ist ein armer Christ. In der Bibel gibt es weder eine Theologie des Reichtums noch eine Theologie, die Armut als christliches Ideal vertritt!

Was es aber in der Bibel gibt, ist die geistliche Haltung zu diesem Thema:

- Ps 62,11: „Verlasst euch nicht auf Gewalt und setzt auf Raub nicht eitle Hoffnung; fällt euch Reichtum zu, so hängt euer Herz nicht daran."

- Paulus in Philipper 4,11-13: „Ich habe gelernt, mir genügen zu lassen, wie's mir auch geht. Ich kann niedrig sein und kann hoch sein; mir ist alles und jedes vertraut: beides, satt sein und hungern, beides, Überfluss haben und Mangel leiden; ich vermag alles durch den, der mich mächtig macht."

✦ Paulus in 1. Tim. 6,6-8: „Ein großer Gewinn aber ist die Frömmigkeit zusammen mit Genügsamkeit. 7 Denn wir haben nichts in die Welt gebracht; darum können wir auch nichts hinausbringen. 8 Wenn wir aber Nahrung und Kleider haben, so wollen wir uns damit begnügen."

Und damit sind wir beim 2. Gedanken und im NT angekommen …

2) Der neue Bund und das Gebot: Du sollst nicht stehlen!

a) Diebstahl im NT!

Wo immer die 10 Gebote im NT aufgezählt werden, ist das Gebot: „Du sollst nicht stehlen" mit dabei! (Mk. 10,19; Röm. 13,9). Diebstahl gehört zu den Dingen, die aus dem von Natur aus bösen Herzen des Menschen kommen und den Menschen unrein machen (Mt. 15,19)!

Paulus sagt ohne Einschränkung in 1. Kor. 6,10: „Weder Diebe noch Habgierige noch Trunkenbolde noch Lästerer noch Räuber werden das Reich Gottes ererben." Dabei geht es auch im NT nicht allein um Sachdiebstahl, sondern um das Stehlen in der gesamten Bandbreite der alttestamentlichen Bedeutung.

b) Matthäus 20,20-28 – Salome, die Mutter von Johannes und Jakobus!

Dies wird besonders deutlich in der Auseinandersetzung Jesu mit Salome, der Mutter der beiden Jünger Johannes und Jakobus. Interessant, dass so etwas in der Bibel steht. Salome kommt zu Jesus mit der Bitte, 2 Plätze für ihre Söhne im Himmel zu reservieren; einer links, einer rechts neben Jesus. Das gibt Zoff mit den anderen Jüngern. Jesus macht daraus eine Jünger-Belehrung: „Das, was ihr begehrt, ist bei den weltlichen Herrschern gang und gäbe, die ihre Völker unterdrücken und ausbeuten.

Worauf es im Reich Gottes ankommt, ist etwas völlig anderes: Wer unter euch groß werden möchte, muss euer Diener sein, und wer unter euch der Erste sein möchte, muss euer Knecht sein...“

Das Gebot: „Du sollst nicht stehlen“ gilt in besonderer Weise allen, die in vorgesetzten Positionen stehen, aber es gilt natürlich auch umfassend für jeden Menschen. Gottes Gebot schützt die Würde und Freiheit seines Menschen. Es bewahrt ihn vor beherrschender Einflussnahme, vor Zwängen, vor Unterdrückung, Verängstigung und jeder Art von Nötigung. Wie man durch Diebstahl sogar zu Tode kommen kann, erzählt eine Geschichte, die sich tatsächlich so ereignet hat.

c) Beispiel 130 (Quelle: Schäfer, Band 1, Hört ein Gleichnis)

Die Sache ist kaum zu glauben, aber gut bezeugt. So ist wohl noch niemand auf Erden dem Tod in die Arme gelaufen.

Im Oktober 1951 wurde in Oak Ridge, dem amerikanischen Atom-zentrum, ein seltsamer Diebstahl bemerkt. Einige Gramm wertvollen Plutoniums waren spurlos verschwunden. Man vermutete zunächst eine Tätigkeit ausländischer Spione. Aber die Fahndungsaktionen der Geheimpolizei verliefen im Sande. Erst achtzehn Monate später kam man dem Täter auf die Spur. Eines Tages meldete sich der technische Sekretär des Atomzentrums, Antony Rurrow, plötzlich krank. Der ärztliche Befund war eindeutig. Rurrow litt unter der Einwirkung radioaktiver Strahlen. Seine Herzkranzgefäße waren weithin zersetzt. Im Laboratorium selbst konnte er sich diese Krankheit kaum zugezogen haben, denn dort waren ausreichende Sicherungsmaßnahmen getroffen.

Der Schluss war zwangsläufig: Rurrow musste der Dieb vom Oktober 1951 sein. Bei seiner Vernehmung legte er dann auch ein volles Verständnis ab. Rurrow stand allerdings nicht im Dienst einer ausländischen Macht. Er wollte bloß reich werden. Er gedachte, das entwendete Material einem „geeigneten" Käufer, etwa einem Arzt oder einem Privatgelehrten, anzubieten. Aber dieser Käufer stellte sich nicht ein. So verwahrte er das gefährliche Material in einer kleinen Geld-kassette unter seinem Bett und – vernichtete damit sein eigenes Leben. Die Ärzte erklärten ihm, dass seine Tage gezählt seien. Ein Heil – oder auch nur ein Linderungsmittel gegen diese Krankheit war bis dahin noch nicht gefunden worden. So musste Rurrow dem langsamen Zerfall seines Körpers hilflos zuschauen. Als ein „Gespenst von 41 kg" hat ihn schließlich der Strahlentod ereilt.

Niemand hatte den Diebstahl bemerkt, keiner ahnte, wer es getan hatte. Aber selbst, wenn Menschen es nicht erfahren, vor Gott bleibt nichts verborgen.

Und dann wog er nur noch 82 Pfund. Vielleicht hatte er auch selbst gar nicht begriffen, warum er so abmagerte. Die meisten Menschen wollen es nicht sehen und wahrhaben, was Jakobus in seinem Brief schreibt: „Wenn die Begierde empfangen hat, gebiert sie die Sünde, die Sünde aber, wenn sie vollendet ist, gebiert den Tod." Jakobus 1,15 – Ganz schön krass, diese Geschichte, oder?

d) <u>Von Jesus lernen!</u>

Für Jesus, den Menschensohn, den Herrscher der Endzeit, dem Gott alle Macht über die Welt überträgt, der alles Sein Eigentum nennen konnte, für Ihn bedeutet Macht nicht nehmen und haben, sondern geben und opfern. Obwohl Ihm alles gehörte, findet sich bei Jesus keine „Habehaltung".

Er war reich und wurde doch arm (2. Kor. 8,9), damit wir durch Seine Armut reich würden.

Für Jesu Jünger bringt Paulus die Haltung auf die Formel „haben, als hätten sie nicht" (1. Kor. 7,29-31). Jesus erwartet, dass die, die Ihm nachfolgen, die Habehaltung, das Geltenwollen, das „weltliche Großseinwollen" aufgeben! Und diese Jüngerbelehrung gibt er an die Seinen weiter nach der Bitte der Salome für ihre Söhne Johannes und Jakobus.

Du, mein Mensch, du stiehlst nicht!
Dabei ging es erstens um den Diebstahl im AT!
Dabei ging es zweitens um den neuen Bund und das Gebot: „Du sollst nicht stehlen!"
Und dabei geht es drittens – und damit biegen wir in die Zielgerade ein – um die Einladung zu einem neuen (christlichen) Leben!

3) Die Einladung zu einem neuen (christlichen) Leben! :/

a) Ein Leben ohne Diebstahl!
Der Schutz des Eigentums und das Verbot des Diebstahls bekommen im NT ein besonderes Gewicht. Anders als den Juden war den Völkern in der griechischen Welt das Stehlen geläufig. Für den Griechen ist Stehlen keine Schande, nur das Erwischtwerden dabei. Diebstahl, ohne ertappt zu werden, gilt als besondere Schlauheit und wird gebührend gefeiert.

In seinen Briefen geht Paulus davon aus, dass die Christen in ihrem früheren heidnischen Leben mit Selbstverständlichkeit gestohlen haben (Eph. 4,28) und dass sie in ihren Geschäften darauf aus waren, den anderen zu übervorteilen (1. Thess. 4,6).

Er beklagt, dass diese Haltung mitten in die christliche Gemeinde hineinschwappt, wenn er sagt: „Du predigst, man dürfe nicht stehlen, und stiehlst selbst" (Röm. 2,21). Für Paulus gibt es keinen Zweifel daran: „Diebe – die so weitermachen und sich nicht ändern lassen – werden das Reich Gottes nicht ererben" (1. Kor. 6,10). Das Eigentum des Nächsten ist Gabe Gottes! Wer den Nächsten bestiehlt, bestiehlt gleichzeitig auch Gott!

Diebstahl fängt in unserer Gesellschaft schon da an, es auszunutzen, dass unsere Geldwirtschaft und die Gesetze, die Handeln und Steuern regeln, zuweilen undurchsichtig und nicht klar zu verstehen sind. Das Gebot: „Du sollst nicht stehlen" ist bei jedem Geschäftsabschluss und bei jeder Steuererklärung in Gefahr, übertreten zu werden. Wer z.B. bei seiner Steuererklärung keine ehrlichen Angaben macht, übertritt das 8. Gebot!

b) Beispiel 1561! (Quelle: Schäfer, Band 4, Wie in einem Spiegel)

Harte Strafen erwarteten den, der im Mittelalter die Gewichte seiner Waage veränderte. Viele wenige Gramm ergeben auch ein Kilo. Heute protestieren die Verbraucher gegen sogenannte „Mogelpackungen". Mancher dieser Protestler macht sich aber nichts daraus, wenn er als Arbeitnehmer täglich vielleicht 10 Minuten bei der Arbeit bummelt, zu spät kommt oder früher geht. Aber diese Minuten ergeben im Jahr eine ganze Woche Arbeitszeit, die bezahlt wird, ohne dafür eine Leistung erbracht zu haben.

Christen sollten bezüglich solcher Vorgänge in ihrem Leben ein feines und sensibles Gespür in ihrem Gewissen haben. Denn Gottes Geist ordnet sie, diese oben genannten Vorgänge, unter Diebstahl ein.

c) Der Zehnte, eine gute geistliche Übung!

Weil Israel um diese Haushalterschaft gewusst hat, hat es sein Ein-kommen dem HERRN verzehntet. Dabei ist wichtig, dass es bei der Gabe des Zehnten niemals um ein Opfer ging – auch wenn es heute manchmal so dargestellt wird –, sondern der Zehnte galt als eine zeichenhafte Gabe des Dankes an Den, aus dessen Hand man die Güter des Lebens empfing und von dessen Segen man sich auch in Zukunft abhängig wusste.

Der Zehnte ist so etwas wie eine gute geistliche Glaubensübung, um den Neid und die Habgier, das Begehren – und Habenwollen, das manchmal in unseren Herzen aufsteigt, wirkungsvoll zu bekämpfen und zu überwinden! Manche fragen, ob das für das Brutto – oder Nettogehalt gilt. Antwort: Das hängt von deinem Glauben ab! Wenn du einen Bruttoglauben hast, gib den Zehnten vom Brutto, sonst vom Netto!

Nur bitte nicht vergessen, dass der „Zehnte eine Gabe des Dankes ist" an den, der uns mit allem beschenkt und versorgt. Der „Zehnte" ist kein Gesetz der Freien evangelischen Gemeinde Neustadt, um seinen Mitgliedern das Geld aus der Tasche zu ziehen. Der „Zehnte" ist eine Empfehlung Gottes zu einem freigiebigen und großzügigen Lebensstil.

Bettina und ich haben gute Erfahrungen mit einem Tipp, den wir vor langer Zeit mal gehört haben: 10 % für Gott – 10 % Sparen – 80 % zum Leben! Wir lagen dabei oft zwischen Netto – und Brutto. Aber das hat sich wirklich ausgezahlt. „Wir haben nie Mangel gehabt." Hier muss jeder für sich persönlich eine Entscheidung fällen. Gott macht dazu Mut und gibt das Versprechen: „Stellt mich doch auf die Probe, und seht, ob ich meine Zusage halte! Denn ich verspreche euch, dass ich dann die Schleusen des Himmels öffne und euch mit allem überreich beschenke." (Maleachi, 3,10)

d) <u>Der rechte Gebrauch des Eigentums!</u>

Und so zeigt uns die Bibel – und da besonders auch Paulus in seinen Briefen – wie die Christen mit ihren anvertrauten Gütern umgehen und sie in Verantwortung vor Gott umgehen sollen.

Gott will keine Schmarotzer, die auf Kosten der Arbeitskraft anderer leben. Gott will, dass der Mensch – sofern er gesund ist und das kann – arbeitet. Die Verweigerung der Arbeit ist vor Gott ein „unordentlicher" Lebensstil.

- ❖ „Jeder soll sein eigenes Brot in stiller Arbeit verdienen" (2. Thess. 3,11-12).
- ❖ Jeder soll seinen Geschäften nachgehen und „sein Brot mit seiner Hände Arbeit verdienen" (1. Thess. 4,11).
- ❖ Gleichzeitig soll ihn das mit seiner Hände Arbeit erworbene Gut befähigen, den Notleidenden zu unterstützen (Eph. 4,28).

Martin Luther fasst das <u>so</u> zusammen: „Jeder soll das Eigentum zu seiner Erhaltung, zu seinem Fortkommen und zu seiner Mitmenschen Wohl verwalten."

„Du sollst nicht stehlen" umfasst im AT und NT den Menschendiebstahl, die Täuschung, d. h. den Herzensdiebstahl, und den Sachdiebstahl. Gott lädt uns ein, sowohl den Nächsten in seiner Würde und Freiheit als auch sein Eigentum als Gottesgabe zu achten und dass uns gegebene Eigentum auch im Dienst des Nächsten zu gebrauchen.

Amen!

___

10. 2. Mose 20,16 + 5. Mose 5,20 – Du sollst nicht falsch Zeugnis reden wider deinen Nächsten! (9. Gebot)

a) Einstieg:

Wer kennt es nicht, dieses „Fettnäpfchen", in das man mal reingetreten ist, vielleicht zufällig, vielleicht fahrlässig oder leichtfertig, vielleicht aber auch vorsätzlich und ganz bewusst. Ich meine das „Fettnäpfchen", dass man schlecht über andere Menschen geredet hat, obwohl sie nicht dabei waren und sich deshalb auch nicht wehren konnten.

Darum hat Gott ein Gebot erlassen, um nicht in dieses Fettnäpfchen hineinzutreten, das 9. Gebot: „Du sollst nicht falsch Zeugnis reden wider deinen Nächsten!" Oder wörtlich: „Du sollst gegen deinen Nächsten nichts aussprechen, was in den Bereich der Lüge gehört." Denn jedes Wort, über einen anderen geredet, gibt einem Dritten die Möglichkeit, sich ein Urteil zu bilden. Es kann ein zutreffendes, aber auch ein falsches Bild werden. „Jedes Wort hat eine Wirkungsgeschichte" (Gadamer). Es ist, wenn es einmal ausgesprochen wurde, nie wieder einholbar. Niemand kann es aufhalten. Keiner weiß, was es ausrichtet.

b) Bibeltext, Thema und Aufbau!

„Du sollst nicht falsch Zeugnis reden wider deinen Nächsten"! Oder nach der GNB: „Du sollst nichts Unwahres über deinen Mitmenschen sagen!"

Das steht in 2. Mose 20,16 und in 5. Mose 5,20! Was ganz interessant ist: „Falsch Zeugnis" wird in beiden Versen unterschiedlich gebraucht.

- ❖ In 2. Mose 20,16 steht in der hebr. Bibel das Wort „Schäkär" שֶׁקֶר für Lüge. Und das wendet sich gegen jegliche Art von Unwahrheit.

❖ Und in 5. Mose 5,20 wird dafür ein anderes Wort gebraucht, das Wort „Schava" שָׁוְא, womit die Wirkung der Lüge näher beschrieben wird. „Schava" meint so viel wie „Verderb, Ruin, innere Unwahrheit, Falschheit". Jedes Lügenwort zerstört die Würde und Freiheit des andern. Es führt zum Ruin eines guten Rufes. Es untergräbt die Existenz und Entfaltungsmöglichkeit des andern.

Das NT nennt den Teufel den „Vater der Lüge" (Joh. 8,44). Der Christ, der Mensch, der Jesus gehört, lügt nicht (Eph. 4,24; Kol. 3,9f.). Macht er es trotzdem – gewissermaßen als gewohnheitsmäßiges Verhalten – wird er am Ende seines Lebens ein Problem mit Gott haben.

Darum hat es Gott für so wichtig befunden, auch dieses Gebot mit in die 10 Gebote mit aufzunehmen, damit wir es beherzigen. Ich habe es ja ganz am Anfang (Predigtreihe) schon mal gesagt: Das Verneinungswort bei den 10 Geboten ist das schärfste, das es in der hebr. Bibel gibt! "Lo" לֹא steht da. Damit wird ein absolutes Verbot ausgedrückt!
„Du sollst und du darfst die und die Handlung niemals tun…!"
Es ist so wichtig für uns, an dieser Stelle auf der Hut zu sein und uns daran zu halten, auch wenn wir Christen auf dem Boden des NT sind!

„Du sollst nicht falsch Zeugnis reden wider deinen Nächsten!" Was ist das? Martin Luther sagt: „Wir sollen Gott fürchten und lieben, dass wir unsern Nächsten nicht fälschlich belügen, verraten, afterreden oder bösen Leumund machen, sondern sollen ihn entschuldigen, Gutes von ihm reden und alles zum Besten kehren."

Warum ist dieses Gebot so wichtig?

Aus vier Gründen:

1) Die Macht der Zunge!
2) Gott sorgt sich um unsere Ehre!
3) Plädoyer für die Wahrheit!
4) Am Vorbild Jesu orientieren!

„Du sollst nicht falsch Zeugnis reden wider deinen Nächsten!"
Der <u>erste</u> Grund:

1) <u>Die Macht der Zunge!</u>

a) <u>Jakobus 3!</u>

Die größte Gefahr für den Menschen ist sein Mitmensch. Niemand und nichts in der Welt kann so grausam sein wie der Mensch. Das AT beurteilt den Menschen nüchtern und realistisch. So wird der Prophet Jeremia gewarnt: „Darum sei auf der Hut vor deinen Mitmenschen. Jeder betrügt jeden, niemand sagt die Wahrheit. Sie sind Meister im Lügen und so ins Böse verstrickt, dass sie sich nicht mehr daraus lösen können." (Jer. 9,3f.)

Der Apostel Jakobus widmet fast ein ganzes Kapitel der „Macht der Zunge" (Kap.3), und er schreibt da starke Sachen: „So ist auch die Zunge ein kleines Glied und richtet große Dinge an. Siehe, ein kleines Feuer, welch einen Wald zündet's an! Auch die Zunge ist ein Feuer, eine Welt voll Ungerechtigkeit … sie befleckt den ganzen Leib und zündet die ganze Welt an und ist selbst von der Hölle entzündet. Kein Mensch kann sie zähmen, das unruhige Übel, voll tödlichen Giftes. Mit ihr loben wir den Herrn und Vater und mit ihr fluchen wir den Menschen, die nach dem Bilde Gottes gemacht sind. Aus einem Munde kommt Loben und Fluchen. Das soll nicht so sein, liebe Brüder und Schwestern."

b) <u>Beispiel 281 (Quelle: Schäfer, Band 1, Hört ein Gleichnis)</u>

Von Spurgeon wird folgende kleine witzige Geschichte erzählt. Spurgeon war Pastor und Seelsorger an einer großen Baptistenkirche in London.

Und er hatte in seiner Gemeinde eine Frau, die durch ihre Geschwätzigkeit und Kritiksucht viel Unheil anrichtete. Eines Tages kam diese zu Spurgeon und verlangte von ihm eine Schere. „Herr Pastor", sagte sie resolut, „Ihre Krawatte ist zu lang, es ziemt sich für einen Geistlichen nicht, einen so auffälligen Schlipps zu tragen, darf ich abschneiden, was zu lang ist?" „Natürlich dürfen Sie das", antwortete Spurgeon und ließ es ruhig geschehen, dass ihm die Unverschämte keck ein Stück von seiner Krawatte abschnitt.

Dann aber sagte er: „Und nun, liebe Frau Soundso, da jetzt meine Halsbinde aufs richtige Maß zugeschnitten ist, darf ich nun auch bei Ihnen abschneiden, was zu lang ist?" Die Vorwitzige konnte wohl oder übel nicht gut anders, als „ja" sagen. „So geben Sie mir bitte einmal die Schere und dann strecken Sie Ihre Zunge heraus, denn sie ist viel zu lang."

Man findet auch in den Psalmen sehr viele Gebete, die davon handeln, dass der Psalmdichter unter falschen Anschuldigungen und Verleumdungen leidet und darum daraus oft ein Gebet macht, dass Gott eingreifen und die Wahrheit ans Licht bringen soll. An dieser Stelle wird auch zu Recht oft von Rufmord gesprochen. Darum dieses 9. Gebot.

„Du sollst nicht falsch Zeugnis reden wider deinen Nächsten!"

Der <u>erste</u> Grund: Die Macht der Zunge!

Der <u>zweite</u> Grund:

2) Gott sorgt sich um unsere Ehre!

a) Gott möchte uns Menschen schützen!

Gott sagt nicht in diesem Gebot: „Du sollst nicht lügen!" Was natürlich auch sehr zu empfehlen ist, sich daran zu halten. Sondern Er schützt mit diesem Gebot unseren Mitmenschen! Es geht um seine Würde! Es geht um seine Ehre! Es geht um den Schutz der Persönlichkeit des Nächsten! Gott erlaubt es uns nicht, den Lebenskern des anderen anzutasten, seine Ehre, seine Würde, seinen Ruf bewusst herabzusetzen und zu zerstören, um ihn unmöglich zu machen. Und das geschieht nicht durch ein handgreifliches Tun, sondern im geheimen oder öffentlichen Reden, dem der Betroffene wehrlos ausgesetzt ist.

Die Folgen sind meist nie mehr ganz aus der Welt zu schaffen. Selbst bei eindeutiger Richtigstellung bleibt immer etwas hängen. Das machen schon unsere Sprichworte deutlich. Während das eine sagt: „Wer sich verteidigt, klagt sich an!", erklärt das andere: „Wer schweigt, gesteht!"

Es bleibt immer etwas hängen! Und dann sind die Opfer da: die unzähligen Opfer des haltlosen, des leichtfertigen, des ätzenden, des lieblosen, des eben darum unwahren Wortes. Wieviel Schaden kann doch daraus entstehen. Übrigens auch in einer christlichen Gemeinde. Aber Gott will nicht, dass solches geschieht. Er schützt mit dem 9. Gebot die Würde des Menschen, weil Er weiß, dass der Mensch ohne Ehre nicht leben kann! Und darum sagt Er: „Du sollst nicht ... Ehre abschneiden, den Ruf deines Nächsten morden, Ungenaues als Tatsache weitergeben, „Du sollst nicht falsch Zeugnis reden wider deinen Nächsten!"

b) <u>Quelle: Überlebensgeschichten für jeden Tag / Axel Kühner / Kleine schwarze Federn / 12. Mai</u>

Einst hatte eine Frau über ihren alten Pfarrer eine hässliche Verleumdungsgeschichte aufgebracht, die schnell durch die ganze Gemeinde flog und weit über ihre Grenzen hin Unheil anrichtete. Als die Frau bald darauf schwer krank wurde, bereute und bekannte sie ihre Lügen. Nach ihrer Genesung ging sie zum Pfarrer und bat ihn um Verzeihung. „Gewiss verzeihe ich dir gern", sagte der alte Pfarrer freundlich, „aber weil du mir damals so weh getan hast, möchte ich dich jetzt um einen Gefallen bitten!" „Gern", rief die Frau erleichtert. „Geh heim und schlachte ein schwarzes Huhn und rupfe ihm alle Federn aus, auch die kleinsten, und verliere keine davon. Dann lege die Federn in einen Korb und bringe sie zu mir."

Die Frau dachte, dass es sich um einen alten Brauch handele, und tat, wie ihr geheißen war. Nach kurzer Zeit kam sie mit dem Körbchen voller schwarzer Federn wieder zum Pfarrer. „So", sagte dieser, „jetzt geh langsam durch das Dorf und streue alle drei Schritte ein wenig von den Federn aus und dann steige auf den Kirchturm, wo die Glocken hängen, und schütte den Rest dort oben auf das Dorf hinab. Dann komm wieder zu mir!"

Die Frau war nach einer Stunde wieder mit dem leeren Korb beim Pfarrer. „Schön" meinte der freundlich, „jetzt gehe durch das Dorf und sammle alle die ausgestreuten Federn wieder in dein Körbchen, aber sieh zu, dass keines fehlt!" Die Frau starrte den Pfarrer erschrocken an und sagte: „Das ist unmöglich! Der Wind hat die Federn in alle Richtungen zerstreut."

„Siehst du, so ist es auch mit deinen bösen Worten gegangen.

Wer kann sie wieder einsammeln und zurücknehmen und ihre Wirkung ungeschehen machen? Denke an die kleinen schwarzen Federn, bevor du Worte ausstreust!"

So ist es mit vielen Geschichten gegangen, die wir über andere Menschen weitererzählt haben: Kleine schwarze Federn, die der Wind verweht. Wer kann sie wieder einsammeln und zurücknehmen? Darum lässt uns Gott sagen: „Du sollst nicht falsch Zeugnis reden wider deinen Nächsten!" (2. Mose 20,16)

Gott sorgt sich um die Ehre unseres Nächsten und um unsere Ehre! Wo ein Mensch einen andern ruiniert, indem er durch falsches Zeugnis Rufmord begeht, tastet er die dem Menschen verliehene Gottebenbildlichkeit an und vergeht sich damit an Gott selbst!

Die 10 Gebote werden in der jüdischen Tradition auch mit den 10 Plagen, die Gott über Ägypten verhängte, verglichen. Es besteht demnach eine Verbindung zwischen dem 9. Gebot und der 9. Finsternisplage. Daraus folgern die Rabbiner: „Gott sprach: Wenn dein Zeugnis nicht klar ist wie das Licht, so bezeuge es nicht." Ein Mensch soll und darf über seinen Nächsten erst dann reden, wenn der Inhalt des Gesagten klar und hell ist wie das Licht des Tages. Alles Dunkle und Halbdunkle ist Lüge und falsches Zeugnis.

Damit sind wir bei der dritten Antwort auf die Frage – warum dieses Gebot – angekommen.

Erstens: Die Macht der Zunge!

Zweitens: Gott sorgt sich um unsere Ehre!

Und die dritte Antwort:

3) Plädoyer für die Wahrheit!

a) Epheser 4,25+29!

Paulus schreibt an die Christen in Ephesus: „25 Darum legt die Lüge ab und redet die Wahrheit, ein jeder mit seinem Nächsten, weil wir untereinander Glieder sind. 29 Lasst kein faules Geschwätz aus eurem Mund gehen, sondern redet, was gut ist, was erbaut und was notwendig ist, damit es Gnade bringe denen, die es hören."

Worte können viel Schaden anrichten. Dieses „faule Geschwätz" (Sapros im Griechischen = fauler Fisch, morscher Baum) ist wie ein übel stinkender Rülps, der aus der Tiefe aufsteigt. Vielleicht sagt das Jesus deshalb so: „Was aus dem Menschen herauskommt, das macht den Menschen unrein." (Mark. 7,15.20-23)

Jesus verändert Menschen bis in ihre Sprachverhalten hinein! Hier geht es um Wahrhaftigkeit! Lüge ist megaout!

Das erinnert ein wenig an den alten Sokrates, der mal gesagt haben soll: „Bevor du etwas über einen anderen sagst, lass es durch 3 Siebe laufen. Die Siebe heißen: wahr – wichtig – gut. Ist das, was ich über den andern sagen will: wahr – wichtig – gut? Wenn nicht, sage ich es nicht!"

Eigentlich erstaunlich, dass Paulus das so noch an Christen schreiben muss: Achte auf deine Worte! Achte auf deine Sprache! Sage nichts über einen anderen, was du nicht bereit bist, in seiner Gegenwart zu wiederholen! :/ – Bei nüchterner Betrachtung müssen wir zugeben, dass die „Zunge" wirklich ein gefährliches Ding ist! Jakobus widmet diesem gefährlichen Ding fast ein ganzes Kapitel (Kap. 3) in seinem Brief.

Die Heiligung unserer Rede ist aber letzten Endes nicht eine Sache der Sprachdisziplin, sondern eine Sache des Herzens, also der Personmitte. Da geht es dann um die Frage: In welchem Zustand befindet sich mein Herz? Wovon ist es angefüllt? Was bewegt, erfüllt, begeistert und motiviert mich? „Wovon das Herz voll ist, geht der Mund über" (Mt. 12,34).

Welche Aufgabe, welchen Sinn hat denn die Sprache? Sie hat die Aufgabe: eine Brücke zu schlagen und Gemeinschaft herzustellen, Gemeinschaft zwischen Menschen!
Durch Worte wird Gemeinschaft gestiftet oder belastet! Durch Worte wird eine Atmosphäre positiv oder negativ geprägt!

Darum schreibt das hier Paulus so: „Redet die Wahrheit, ein jeder mit seinem Nächsten, weil wir untereinander Glieder sind."
Es gibt leider Gemeinden, die haben sich ins „Aus" manövriert durch schlechtes Reden übereinander. Die sind zur Bedeutungslosigkeit verschrumpelt.

Also Christen sollen untereinander die Wahrheit sagen. In der Gemeinde der Glaubenden soll man wahrhaftig miteinander umgehen. Dürfen sie denn dann die „Nicht-Christen" anlügen? – Doch wohl nicht!

Trotzdem gibt es da manchmal knifflige Situationen. Verwandte des holländischen Evangelisten Peter van Woerden hatten während der Nazizeit Juden im Haus versteckt: in einem Raum unter dem Esszimmer, nur erreichbar durch eine Luke im Fußboden, die durch Bohlen verschlossen war. Darüber der Teppich und der Esszimmertisch. Dann kam die Gestapo: „Sind hier Juden im Haus?" Erst Schweigen – dann die Antwort: „Da, unter dem Tisch!"

Der Gestapo-Mann hob die Tischdecke und fühlte sich an der Nase herumgeführt. Verärgert verließ er das Haus.

Die Antwort war „wahr" gewesen, aber doch nicht so, dass sie dem Gestapo-Menschen mitgeteilt hätte, was er hören wollte.

b) <u>Die weißen Zähne!</u>

Da gab es eine ältere Frau irgendwo in einer Kleinstadt in Amerika. Sie war überzeugte bekennende Christin und überall bekannt dafür, dass sie nie etwas Schlechtes über andere Menschen erzählte. Was für ein toller Ruf, den sie hatte. Eines Tages starb der stadtbekannte Säufer. 3 junge Männer wollten diese Frau jetzt ein wenig aufs Glatteis führen und sagten zu ihr: „Also über diesen Säufer kannst du bestimmt nichts Gutes berichten." Die Frau antwortete: „Ich habe immer gesagt: „Er hat die schönsten weißen Zähne, die ich jemals gesehen habe." Jesus verändert Menschen bis in das Sprachverhalten hinein!

Und darum wollen wir jetzt abschließend noch ein paar Gedanken über den Punkt „Am Vorbild Jesu orientieren!" verwenden. Wir können uns da viel von Ihm abgucken, was auch das 9. Gebot angeht.

„Du sollst nicht falsch Zeugnis reden wider deinen Nächsten!"

Warum nicht? Aus <u>vier</u> Gründen:

Erstens: Die Macht der Zunge!

Zweitens: Gott sorgt sich um unsere Ehre!

Drittens: Plädoyer für die Wahrheit!

Und viertens und letztens:

4) Am Vorbild Jesu orientieren!

a) Quelle: Eine gute Minute/Der Axtdieb/Axel Kühner!/06. November!

Ein Mann suchte seine Axt und fand sie nicht. Er vermutete, dass der Sohn des Nachbarn seine Axt gestohlen hätte. Darum beobachtete er den Nachbarjungen genau. Dessen Gang war der eines Axtdiebes. Er blickte wie ein Dieb. Er sprach wie ein Dieb. Alles, was der Junge tat, und wie er es tat, ließ auf einen Axtdieb schließen. Der Verdacht wurde immer stärker.

Nach einiger Zeit fand der Mann seine Axt wieder. Er hatte sie nur an einer ungewöhnlichen Stelle abgelegt. Als er nun den Sohn des Nachbarn traf, waren sein Gang, sein Blick, sein Benehmen und seine Worte nicht mehr die eines Axtdiebes, sondern die eines ganz normalen Menschen. (Nach einer chinesischen Fabel)

„Du sollst nicht falsch Zeugnis reden wider deinen Nächsten!"
Was ist das? Noch einmal Martin Luther: „Wir sollen Gott fürchten und lieben, dass wir unsern Nächsten nicht belügen, verraten, verleumden oder seinen Ruf verderben, sondern sollen ihn entschuldigen, Gutes von ihm reden und alles zum Besten kehren."

Was sagt Jesus? „Eure Rede sei: Ja, ja; nein, nein. Was darüber ist, das ist vom Übel." Jesus schlägt damit eine Bresche für die Wahrheit! Er selbst ist „der Weg, die Wahrheit und das Leben." Am Kreuz trägt Jesus unsere Schuld und Sünde, auch die des Redens über und gegenüber dem Nächsten. Dort am Kreuz überwindet Christus auch allen Rufmord und alle Verachtung des Nächsten und alles falsche Zeugnis. Sein Blut ist zur Wiederherstellung der Ehre und Würde des Menschen vor Gott und vor Seinen Mitmenschen geflossen.

Weil das so ist, weil das wahr ist, sollten wir den Gekreuzigten anrufen! Wir sollten Ihm bekennen, wie zutiefst unwahr unser Denken, Urteilen und Reden über unsere Nächsten gewesen ist und wie unlösbar wir an dieser Stelle gebunden sind! Wir sollten Ihn bitten, dass Er uns vergibt, uns befreit, uns einen neuen Anfang gibt! So geschieht Vergebung und auch Versöhnung und die Wiederherstellung von Gemeinschaft.

Und wir können um Bewahrung bitten für unsere Zunge: „HERR, behüte meinen Mund und bewahre meine Lippen!" Psalm 141,3

b) Das 9. Gebot und der Prozess Jesu vor dem Hohen Rat!

Das Übertreten und Erfüllen des Gebotes: „Du sollst nichts über deinen Nächsten aussprechen, was in den Bereich der Lüge gehört" wird jedoch an keiner Stelle der Bibel so deutlich wie im Prozess gegen Jesus. Da heißt es in Markus 14,55ff. zum Beispiel: „55 Aber die Hohenpriester und der ganze Hohe Rat suchten Zeugnis gegen Jesus, auf dass sie ihn zu Tode brächten, und fanden nichts. 56 Denn viele gaben falsches Zeugnis gegen ihn; aber ihr Zeugnis stimmte nicht überein." – „60 Und der Hohepriester stand auf, trat in die Mitte und fragte Jesus und sprach: Antwortest du nichts auf das, was diese gegen dich bezeugen? 61 Er aber schwieg still und antwortete nichts. Da fragte ihn der Hohepriester abermals und sprach zu ihm: Bist du der Christus, der Sohn des Hochgelobten? 62 Jesus aber sprach: Ich bin's; und ihr werdet sehen den Menschensohn sitzen zur Rechten der Kraft und kommen mit den Wolken des Himmels." –

„63 Da zerriss der Hohepriester seine Kleider und sprach: Was bedürfen wir weiterer Zeugen? 64 Ihr habt die Gotteslästerung gehört. Was meint ihr? Sie aber verurteilten ihn alle, dass er des Todes schuldig sei."

Jesus redet, wenn es um die Wahrheit geht! Und Jesus schweigt, wenn es um falsche Anschuldigungen geht! :/ Das könnten wir uns bei Ihm abgucken und uns an Seinem Vorbild orientieren!

Für jüdische Richter gibt es keinen anderen Beweis als den Zeugenbeweis. Eine Anklage durfte erst dann erhoben werden, wenn sie von mindestens zwei Zeugen übereinstimmend vorgebracht wurde. Da die Zeugen nicht eindeutig übereinstimmten, griff der Hohepriester ein und wollte den gesamten Hohen Rat, das Synedrium, zu Zeugen des gotteslästerlichen Redens Jesu machen. Die Mitgliedes des Hohen Rates wurden durch den Hohenpriester in eine falsche Zeugenschaft hineinmanövriert.

Auf dem Hintergrund des bitteren Ausgeliefertseins an falsche Zeugen zeigt Jesus durch Sein Auftreten, durch Sein Schweigen und durch Sein Reden, wie ein wahres Zeugnis aussieht! Das Zeugnis Jesu war klar wie das Licht. In der Stunde des Prozesses vor dem Hohen Rat zeigte Jesus, wie das von Gott erwartete echte, wahre Zeugnis aussieht. Mit Seinem Schweigen und Reden machte Jesus allen denen, die Ihm nachfolgen, deutlich, was es heißt, wahr zu sein im Zeugnis über den Nächsten! Das Zeugnis der Christen soll klar und hell sein wie das Licht!

c) <u>Der Reiter auf dem weißen Pferd – Offenbarung 19,11ff.!</u>
„Du sollst nicht falsch Zeugnis reden wider deinen Nächsten!"

Warum nicht? Aus 4 Gründen:
1) Die Macht der Zunge!
2) Gott sorgt sich um unsere Ehre!
3) Plädoyer für die Wahrheit!
4) Am Vorbild Jesu orientieren!

Ich schließe mit dem „Reiter auf dem weißen Pferd" aus Offb. 19,11ff:

„11 Und ich sah den Himmel aufgetan; und siehe, ein weißes Pferd. Und der darauf saß, hieß: Treu und Wahrhaftig, und er richtet und kämpft mit Gerechtigkeit. 12 Und seine Augen sind wie eine Feuerflamme, und auf seinem Haupt sind viele Kronen; und er trug einen Namen geschrieben, den niemand kannte als er selbst. 13 Und er war angetan mit einem Gewand, das in Blut getaucht war, und sein Name ist: Das Wort Gottes."

Eben dieses Bild des triumphierenden wiederkommenden Siegers, das Bild des unschlagbaren Königs der Wahrheit, sollten wir vor Augen haben, wenn wir an das 9. Gebot und seine Umsetzung denken. Darum: Lasst uns gleich anfangen, der Wahrheit eine Bresche zu schlagen.

Amen!

---

11. 2. Mose 20,17 + 5. Mose 5,21 – Du sollst nicht begehren, was deinem Nächsten gehört! (10. Gebot)

a) Einstieg:

Gott schützt den Menschen auch da vor seinem Mitmenschen, wo es der Buchstabe des Bürgerlichen Gesetzbuches nicht mehr tut. Und auch wenn die letzten 6 Gebote das menschliche Miteinander und die zwischenmenschlichen Beziehungen stärken und schützen wollen, so betreffen sie doch immer auch die Beziehung zu Gott, denn Gott hat uns die 10 Gebote gegeben: die ersten 4 Gebote, um unsere Beziehung zu Ihm selbst positiv zu gestalten und die Gebote 5 bis 10, um miteinander besser zurechtzukommen. Gott weiß, was gut für uns ist, und Er hat sich mit den 10 Geboten etwas sehr Gutes für uns Menschen ausgedacht!

Ich habe das Vorrecht, heute Morgen diese Predigtreihe mit dem 10. Gebot abzuschließen. Hat mich übrigens selbst sehr dazu inspiriert, um darüber mal eine komplette Predigtreihe in Neustadt zu halten. Drei habe ich ja mit heute hier bei euch schon gehalten, fehlen noch 7 Gebote für meine Gemeinde in Neustadt. Wie gesagt, was sehr inspirierend für mich, denn ich habe noch nie in 40 Jahren Dienstzeit darüber gepredigt!

b) Thema und Bibeltext und Hinführung!

Ich lese uns mal das 10. Gebot nach den zwei Bibelstellen aus 2. Mose 20,17 und 5. Mose 5,21:

- 2. Mose 20,17: „Du sollst nicht begehren deines Nächsten Haus. Du sollst nicht begehren deines Nächsten Frau, Knecht, Magd, Rind, Esel noch alles, was dein Nächster hat."

↓ 5. Mose 5,21: „Du sollst nicht begehren deines Nächsten Frau. Du sollst nicht begehren deines Nächsten Haus, Acker, Knecht, Magd, Rind, Esel noch alles, was sein ist."

„Du sollst nicht begehren deines Nächsten ... usw. usf.!" so steht es in diesen beiden Versen. Und darüber möchte ich jetzt mit euch ein wenig nachdenken. Drei Gedanken dazu.　　Erstens:

1) <u>Gott kennt genau unsere Bedürfnisse und Wünsche! :/</u>

a) <u>Unsere Seele (näphäsch)!</u>

Und Er weiß genau, wie wir ticken und wie kompliziert das „Gebilde" unserer „Seele" ist! „Näphäsch" steht dafür in der hebräischen Bibel; und das bedeutet so viel wie „Kehle", „Rachen", „Hals", „Begehren".

Und immer, wenn ich diesen Begriff höre, habe ich ein Bild vor Augen aus meiner Kindheit. Wenn ich in den Ferien meine Großeltern besucht habe, die einen kleinen landwirtschaftlichen Betrieb auf dem Lande hatten.

Und draußen an der Wand vor dem Stall haben Schwalben gebrütet, und wenn die kleinen Schwalbenkinder geschlüpft waren und dann schon sich melden konnten, habe ich immer ihre Hälse gesehen, wenn die Eltern mit einem kostbaren Würmchen- oder Mückenmenü angeflogen kamen, um ihre Jungen zu füttern. Und was haben die für ein Gezeter gemacht und ihre Hälschen gereckt und Schnabel auf (vormachen) und immer rein damit ... haben, haben, haben ... das ist „Näphäsch"!!! Und Näphäsch ist unersättlich, die konnten nie genug kriegen, die Schwalbenkinder.

Und das ist oft auch unsere Lebensphilosophie als Menschen: Schnäbel auf und immer rein damit ... haben, haben, haben!

Und besonders der Mensch ohne Gott, der unerlöste Mensch – der die Lebensmitte nicht kennt, nämlich Gott selbst – lebt so und hechelt unentwegt hinter den „Lebensmitteln" her, weil die Seele einfach nicht genug bekommen kann! „Näphäsch" kommt 755-mal im AT vor. Im Griechischen ist das die „Psyche".

Gott kennt genau unsere Bedürfnisse und Wünsche!

b) Begehren positiv!

Und nicht alle Bedürfnisse und Wünsche sind gleich schlecht oder nicht gut. Man kann doch auch an etwas Lust oder Freude haben und sich deshalb bemühen, es zu bekommen und in Besitz zu nehmen und auch zu genießen. „Begehren" oder „Gelüsten" kann also auch Regung und Antrieb zum zielgerichteten Handeln sein!

An sich ist das eine gute und lebenswichtige Sache. Alles bliebe ja stehen, wenn dieser Motor sich nicht drehen würde. Es gäbe keine Bewegung, keinen Fortschritt mehr. Ziellosigkeit und Sinnlosigkeit würden uns erfüllen – und das ist sicherlich nicht im Sinne Gottes.

c) Begehren negativ!

Aber nun haftet dem „Gelüsten" oder dem „Begehren" etwas an, das es böse, gemein, ja gemeingefährlich macht. Es überschreitet nämlich die Grenzen, die ihm eigentlich zum Schutz gesetzt sind. Es richtet sich nicht mehr darauf, was ich selbst erreichen und erringen kann, indem ich mich einsetze und mühe. Es richtet sich vielmehr auf das, was der Nächste hat.

Es ist also nicht das Lusthaben, Begehren und Wünschen als solches von Gott verworfen, sondern jene hemmungslose, nimmersatte Gier, die in das Leben und in den Besitz der anderen rücksichtslos eingreift.

Es ist jenes heiße Verlangen nach dem, was ich bei dem anderen sehe und auch gern haben möchte, jenes heiße Verlangen, das mich nun Mittel und Weg ersinnen lässt, das Begehrte dem anderen – dem Nächsten – wegzunehmen, damit meine Sehnsucht gestillt wird. Das fängt schon bei den Kleinen, den Kindern an – und je älter ein Mensch wird, umso stärker prägt sich sein Begehren aus, auch wenn er es in geschickter Weise verkleiden kann.

„Der hat etwas … ich nicht! Ich will es aber auch! Wie komme ich daran?" Das ist das Denkmodell. Dann gibt es auch die umgekehrte Regung: „Wenn ich es nicht schon haben kann, dann soll sich der Nächste auch nicht daran freuen dürfen …!

Dann wird etwas zerstört, ein Spielzeug vielleicht, vielleicht auch eine Ehe. Vielleicht kommt uns das leider auch manchmal bekannt vor, diese Regung der Gier, aber auch des Zerstörenwollens und der Schadenfreude, des Missmutes und des Neides!

Hier sagt Gott: „Nein!" Er sagt: „Lass dich nicht gelüsten! Du sollst nicht begehren! Ich will das nicht haben! Das ziemt sich nicht für dich! Du zerstörst dabei nicht nur das Leben anderer, sondern auch dein eigenes. Du vergisst darüber, dass ich dein HERR bin, der für dich sorgt, der dir wohl geben kann und gibt, was du brauchst! Vertrau also mir, dann brauchst du dich nicht in Gier nach dem zu verzehren, was dein Nächster hat. Dann wirst du frei!"

Gott kennt genau unsere Bedürfnisse und Wünsche!

Man kann hier einwenden: Das, genau das bin ich ja nicht! Ich komme einfach nicht gegen das an, was da in mir aufkeimt oder urplötzlich mit Gewalt über mich kommt! Da reichen meine Widerstandskräfte nicht aus! Da bin ich zu schwach! Da kann ich einfach nicht widerstehen, wenn diese Begehren in mir aufsteigen!

Jesus weiß genau, was da in uns abläuft! Darum brauchen wir Hilfe, wenn wir frei werden wollen, starke Hilfe! Es muss eine Hilfe sein, die das bewältigt, was fiebrig und brodelnd aus unserem Herzen aufsteigt. Wir brauchen eine Hilfe, die mit dem fertig wird und uns von dem befreit, was Jesus einmal so beschrieben hat: „Aus dem Herzen kommen die bösen Gedanken: Ehebruch, Unzucht, Mord, Habsucht, Geiz, Bosheit, List, Ausschweifung, neidischer Blick, Lästerung, Hochmut, Narrheit!" Markus 7,21-22.

Allein schaffen wir es nicht, selbst nicht bei der Mobilisierung allen guten Willens und allen Einsatzes.

„Du sollst nicht begehren, was deinem Nächsten gehört!"
Erster Gedanke: Gott kennt genau unsere Bedürfnisse und Wünsche!
Ein zweiter Gedanke:

2) Gott warnt uns vor Grenzüberschreitungen!

a) Die Schuld ist an allem schuld!
Es lohnt sich ein Innehalten und eine Besinnung darüber, warum wir hier so ohnmächtig sind und warum das Lust-, das Freudehaben an den von Gott geschaffenen und gewährten Dingen immer wieder in böse Gier umschlägt?

Die Antwort der Bibel wirft ein helles Licht auf diese bedrängende Frage: Der Grund liegt in der Ursünde des Menschen! Die Schuld ist an allem schuld! Um dieser Ursünde willen haben wir keinen echten Frieden mit Gott, tun wir oft das Verkehrte, übertreten wir die guten und hilfreichen Gebote Gottes, die unser Leben schützen wollen!

Als die ersten Menschen die Gemeinschaft mit Gott aufkündigten, weil sie „begehrten", vom Baum der „Erkenntnis des Guten und Bösen" zu essen, ging nicht nur der Friede mit Gott verloren, sondern auch die Harmonie in den zwischenmenschlichen Beziehungen. Die ersten Menschen wollten sich nicht damit zufriedengeben, Gottes geliebte Geschöpfe zu sein und unter seiner Fürsorge zu leben. Nein, stattdessen erlagen sie der Versuchung und gelüsteten sie, wie Gott zu sein! Dort, wo wir Gott sein möchten neben Gott, hat der Nächste keine Entfaltungsmöglichkeit mehr. Er muss mir liefern, wonach mich verlangt.

Hier wird der Zusammenhang vom 1. und 10. Gebot wieder deutlich. Wo das Vertrauen in Gottes Vatergüte fehlt, weil man sich von Ihm losgesagt hat, um sein Leben in eigener Verantwortung zu führen, kann ich nicht anders als mein Leben auf Kosten des anderen zu bereichern.

Wo der Mensch die Bindung an Gott verloren hat und sich nicht mehr verantwortlich weiß als Haushalter für das, was Gott ihm anvertraute, ist es vorbei damit, maßvoll und beherrscht zu leben. Da brechen alle Dämme. Da muss mein Glück mit dem Unglück des Nächsten bezahlt werden – oder umgekehrt bin ich der Leidtragende. Das ist die wahre Lage! Sie ist viel schlimmer als gedacht. So sieht das aus. Oder besser: So stehen wir da und steht es um uns. Wir sind in Gottes Urteil – und das allein zählt! – verlorene Leute. Wir sind als ganze Menschheit vor Gott hoffnungslos in den Miesen!

Die Psychologie unterscheidet <u>drei Schichten</u>, die zusammengenommen unser Innenleben, unsere Seele bilden.

Das <u>Bewusste</u>, <u>Unterbewusste</u> und das <u>Unbewusste</u>. Jedenfalls früher war das so. Diese drei Schichten bestimmen unser Denken, Fühlen und Handeln. Während die Schichten des Bewussten noch der Steuerung durch unseren Willen oder unseren Verstand unterliegt, ist dies bei den beiden anderen schon nicht mehr möglich. Durch irgendwelche Reizsignale ausgelöst, brechen sie auf einmal kraftvoll in unsere innere Steuerung ein und bringen uns zu Verhaltensweisen und Denkvorgängen, die uns zunächst unbegreiflich sind, und von denen wir am liebsten abrücken möchten.

Paulus konnte das mal in Römer 7 <u>so</u> ausdrücken:
„18 Denn ich weiß, dass in mir, das heißt in meinem Fleisch, nichts Gutes wohnt. Wollen habe ich wohl, aber das Gute vollbringen kann ich nicht.
19 Denn das Gute, das ich will, das tue ich nicht; sondern das Böse, das ich nicht will, das tue ich. 24 Ich elender Mensch! Wer wird mich erlösen von diesem Leib des Todes? 25 Dank sei Gott durch Jesus Christus.“

Und jetzt sehe ich einen Gott, der in Seiner grenzenlosen Liebe die Warnung des 10. Gebotes ausspricht: „Du sollst nicht begehren, was deinem Nächsten gehört!“ Das ist die 1. Hilfe Gottes! Geholfen wird uns erst, wenn Gottes Geist anfängt, in die Tiefen unserer Seelenschichten hineinzustrahlen und hineinzuwirken. Hier in der Seele, in diesem verborgenen Mittelpunkt des Lebens, hier in dem, was die Bibel schlicht das Herz nennt, hier muss alles von Grund auf neu werden. Hier muss das Alte herausgeholt werden, um Platz zu machen für Gottes Liebe und Kraft.

Denn hier, tief verborgen und doch mit ungestümer, kaum abzublockender Mächtigkeit entsteht das, das durch Gottes Gebot verwehrt wird: das Gelüsten und verbotene Begehren und sich Wünschen! Gott schiebt einen Riegel vor mit dem 10. Gebot.

Gott erhält nicht nur sein Volk durch den Schutz der Gemeinschaft, der Ehe, des Eigentums und der sozialen Ehre, sondern Er tritt auch den zerstörenden Mächten entgegen, die Gemeinschaft auseinander-brechen lassen.

b) Begriffsklärung: Begierde – Neid – Habgier!

Mit dem Gebot: „Du sollst nicht begehren" fordert Gott nicht nur, dass das äußere Verhältnis von Mensch zu Mensch geordnet werde, Er dringt vor bis zum Herzen des Menschen, dem Sitz der Begierde.

Das biblische Wort „Begierde" kann übersetzt werden mit „Neid" und „Habgier".

- „Neid" ist die Wurzel aller sozialen Unruhe und aller Konkurrenz unter Menschen und Völkern. Das dem deutschen Wort „Neid" zugrundeliegende Urwort „nit" bedeutet „niederkriegen, befeinden, heruntermachen." Neid vergiftet und zerstört das Zusammenleben der Menschen. Manch ein Mensch kann es nicht ertragen, dass ein anderer Mensch mehr besitzt als er selbst. Es kommt dann zu einer feindlichen Gesinnung, zu Missgunst und Eifersucht, die sich in Grimm, Kampf und Angriff äußern können. Neid beherrscht Menschen von frühester Jugend an bis ins Alter. Es herrscht dann so was wie kalter Krieg.

- „Habgier" bezeichnet der Kirchenvater Augustin als die Haltung, mehr haben und besitzen zu wollen, als für das Auskommen genug wäre. Das Wort „Habgier" kommt erst kurz vor 1750 in die deutsche Sprache, und zwar an Stelle des Wortes „Geiz". Die Urbedeutung des Wortes „Geiz" hat sich noch in der Bedeutung „Ehrgeiz" erhalten. Ehrgeizig ist der Mensch, der nach Ehre giert und mehr Ehre anstrebt, als für seine Position und sein Leben notwendig ist. Habgier, die mehr will als das, was einem Menschen zusteht, giert nach Werten und Dingen, über die bereits ein anderer verfügt.
- Die „Begierde", in Form von Neid und Habgier, greift in das Leben und die Freiheitssphäre des anderen Menschen ein. Die Begierde tritt an die Stelle der Freude, die dem andern alles neidlos gönnt, was er besitzt und genießt. Neid und Habgier verdrängen die Freude am Wohlergehen des andern. Dabei richten sich Neid und Habgier nicht nur auf materielle Güter, sondern in gleicher Weise auf geistige, ja sittliche und seelische Eigenschaften und Vorzüge.

c) Hausbesuch in der Vikariatszeit!

Ich werde sie nie vergessen diese ältere Frau, die mich in meiner Vikariatszeit (1982-1984) einmal um ein seelsorgliches Gespräch bat. Ich besuchte sie und sie klagte mir, dass ihre nächsten Angehörigen hinter ihrem Geld her seien. Auf ihrem Konto muss sich wohl ein 5stelliger Betrag befunden haben. Und sie hatte noch so viel vor: Weltreise etc. sie muss wohl damals schon zwischen 70 und 80 Jahre alt gewesen sein. Irgendwie setzte sich nach meinem Besuch der Eindruck fest, dass diese ältere Frau ein nicht geringes Problem mit dem „Geiz" hatte. Wir gingen auseinander und machten einen 2. Termin für einen Besuch aus.

Nicht lange nach diesem ersten Besuch, klingelte bei mir das Telefon und die Tochter dieser Frau berichtete mir unter Tränen, dass ihre Mutter überall erzählen würde, dass sie und andere Familienangehörige hinter ihrem Geld her waren. Das machte mich stutzig und bestätigte im Grunde meinen Eindruck, dass hier ein Problem mit dem „Geiz" vorlag.

Vor dem 2. Besuch überlegte ich mir, wie ich dieses Thema ansprechen könnte, um ihr seelsorglich zu helfen. Ich stieß auf 1. Timotheus 6, wo steht: „6 Die Frömmigkeit aber ist ein großer Gewinn für den, der sich genügen lässt. 7 Denn wir haben nichts in die Welt gebracht; darum werden wir auch nichts hinausbringen. 8 Wenn wir aber Nahrung und Kleider haben, so wollen wir uns daran genügen lassen. ... 10 Denn Geldgier ist eine Wurzel alles Übels; danach hat einige gelüstet und sie sind vom Glauben abgeirrt und machen sich selbst viel Schmerzen." 1. Tim. 6,6-8 und 10.

Mit „Furcht und Zittern" und klopfendem Herzen wagte ich es dann, dieses Thema anzusprechen. Sie hörte wohl zu, aber ich weiß nicht, was sie damit gemacht hat. Als ich sie dann ein drittes Mal besuchen wollte, erfuhr ich dann, dass sie verstorben sei.

d) Das 10. Gebot! (Was geschützt werden soll!)

Gott möchte, dass wir „freie Menschen" sind. Mit den zehn Geboten untersagt Gott alle Begehrlichkeit des Menschen, die sich auf den Lebensraum des Nächsten, auf seine Ehefrau oder all sein Gut richtet. Im 10. Gebot ist damit von all dem die Rede, was die Welt zur Heimat des Menschen werden lässt. Es umspannt wie ein schützendes Dach seinen ganzen Lebensraum auf dieser Erde.

2. Mose 20,17: „Du sollst nicht begehren deines Nächsten Haus. Du sollst nicht begehren deines Nächsten Frau, Knecht, Magd, Rind, Esel noch alles, was dein Nächster hat."

- Das „Haus" ist im AT das Land der Verheißung, die Heimat für Gottes Volk. Wenn Gott im AT vom Land spricht, dass er für sein Volk als Heimat bereitet hat, nennt Er das Land Kanaan – „mein Haus" (Jer. 12,7; Hos. 9,15). „Du sollst nicht begehren deines nächsten Haus" bedeutet dann: Du sollst nicht in den Lebensraum deines Nächsten eindringen. Du sollst seine Heimat, seine Geborgenheit, all das, was er zum Leben nötig hat, nicht antasten. Ich, der lebendige Gott, schütze den Lebensraum eines jeden Menschen.

- Die „Ehefrau" ist auch im AT nicht nur Besitz des Mannes, sondern sie ist die Seele des Mannes. Sie ist Fleisch von seinem Fleisch und Bein von seinem Bein (1. Mose 2,23). Der Mann allein war unglücklich und vereinsamt. Erst die enge Lebens – und Liebesgemeinschaft mit seiner Frau brachte ihm Erfüllung und Glück. Gewinnt ein anderer Einfluss auf die Ehefrau oder ihre Gunst, so wird der Mann seiner Seele beraubt. Die Ehefrau, als die Seele des Mannes, steht unter dem besonderen Schutz Gottes. Mit seinem Gebot schützt Gott die Ehe vor allen gierigen Übergriffen des andern.

- Knechte, Mägde und Vieh zählen im AT zum Eigentum des Menschen. Das bereits im Gebot „Du sollst nicht stehlen" verbriefte Recht auf Eigentum wird im letzten Gebot noch einmal unter Gottes Schutz gestellt. Die „Sklaven" sind die Garantie der Bewirtschaftung des Landes, das „Vieh" hatte damals die Stellung des heutigen Geldes.

Die Freiheit des andern ist nur da gewahrt, wo der Mensch die Güter des andern neidlos anerkennt und auf jeden Übergriff in das Eigentum des andern verzichtet.

Das Gebot „Du sollst nicht begehren" mit dem Aufzählen der Heimat des Menschen, der Frau als Seele des Mannes, der lebendigen Menschen und der materiellen Güter ist ein Schutzgebot besonderer Art.
Es schützt den Menschen nicht nur vor konkreten Übergriffen des andern, sondern auch vor den Verfehlungen der Gesinnung, vor Neid und vor Habgier. Es fasst die Beziehungen des Menschen zu seiner Heimat, zu seinem Ehepartner, zu den öffentlichen Dingen und zum Besitz zusammen!

„Du sollst nicht begehren, was deinem Nächsten gehört!"
Erster Gedanke: Gott kennt genau unsere Bedürfnisse und Wünsche!
Ein zweiter Gedanke: Gott warnt uns vor Grenzüberschreitungen!
Und abschließend ein dritter und letzter Gedanke:

3) Ein Wünschen und Begehren, das Gott gefällt!

a) Einladen zu Jesus!
Ich denke, es ist klar geworden durch das bisher Gesagte, dass – auch bei diesem Gebot – kein Herumdoktern an den äußeren Umständen oder Faktoren wirklich helfen kann! Hier nützen keine Pülverchen und Salben mit Oberflächenwirkung. Hier bereitet auch kein Betäuben der inneren Stimmen Linderung, und auch Verdrängen hilft nicht wirklich weiter.
Auch die mühsame Anstrengung des Strebsamen, sich allmählich zu vervollkommnen und Herr seiner Begierden zu werden, ist vergeblich. Wir verfügen eben noch nicht über uns selbst. Wir können uns nicht selbst erlösen, nicht selbst befreien, nicht von Grund auf erneuern! Wir nicht!

Aber Einer kann das. Ja, Einer will das sogar! Er ist derselbe, der hier spricht: „Du sollst nicht begehren! Er ist nämlich Der, der die verlorenen Söhne und Töchter nach Hause ruft. Er ist Der, der auch unser Leben erneuern will bis in die tiefsten Schichten hinein! Alles so verwandelt werden. Alles wird verwandelt, wo ein Mensch mit seinem ganzen Leben umkehrt zu Gott, wo er Ihm sein Leben rückhaltlos übergibt und anvertraut, wo er nicht mehr vor sich selbst und vor Gott wegläuft und zu Ihm sagt:

> „HERR, mein Gott. So sieht das in mir aus!
> Du kennst ja die vielfältigen Bedürfnisse und Begehren
> meines Herzens, meinen Neid, mein Verlangen.
> HERR, ich schäme mich dafür, bitte mach du mich neu!
> Reinige mich von meiner Schuld und erfülle
> Mein Herz so völlig mit Deinem Heiligen Geist und
> Deiner Liebe, dass nichts anderes mehr darin Platz hat!"

b) Die Begierde überwinden!

Wir dürfen sicher sein: Gott wird uns erhören! Er, der das Gebot gibt, hilft auch dabei, das Gebot zu leben! Wir fliehen zu Jesus. Wir fliehen zu Seinem Kreuz, denn am Kreuz besiegte Jesus die Welt und die Sünde. Am Kreuz auf Golgatha kaufte Jesus die an die Sünde versklavte Menschheit frei! An diesem Kreuz werden wir uns selbst los! Aus „Lebensmitteln" wird die alles entscheidende „Lebensmitte!" „Lebt im Geist, so werdet ihr die Begierden des Fleisches nicht vollbringen", rät Paulus (Gal. 5,16).

Der Mensch allein hat die Fähigkeit, „nein" sagen zu können. Kein Mensch braucht ein Opfer der Begierde zu werden. Jeder Mensch kann „Nein" zur Sünde sprechen und vollziehen.

Der Seelsorger Erich Schick nennt einen solchen Einfluss das „heilige Nein" und spricht vom „Adel des Nein-Sagen-Könnens". Manchmal kann das ein hartes und schweres Opfer sein. Jesus spricht einmal drastisch vom Ausreißen des Auges und dem Abhauen der Hand.

Das 10. Gebot und seine Auslegung in der Bergpredigt Jesu (Matth. 5,27-30) richtet sich gegen Absichten und Begierden, die nicht in Handlungen übergehen brauchen. Es schützt den Menschen vor der Leidenschaft des Neides, vor allen Missgunst-Gefühlen und vor Habsucht.

Jesus zeigt den Weg zur Überwindung der von Gott verbotenen Begierde! Er erwartet nicht nur die Flucht vor der Sünde, sondern ist selbst der Zielpunkt der Flucht, wenn Er sagt: „Komm her zu mir, ich gehe mit, ich helfe dir, nein zu sagen und zu verzichten!"

c) <u>Trachtet zuerst nach dem Reich Gottes!</u>
So zeigt Er uns den Weg, der wirklich hilft. Es ist der Weg in die Freiheit, der durch die völlige Hingabe an Ihn und von bedingungslosem Vertrauen auf Ihn gekennzeichnet ist!

Jesus hat auch diesem 10. Gebot eine völlig neue Wendung gegeben, als Er sagte, dass sich diese Haltung im „Trachten nach dem Reich Gottes und nach seiner Gerechtigkeit" verwirklichen würde. Darum darf man auch getrost damit rechnen und erwarten, „dass ihr – dieser Haltung – alles andere, was noch zum Leben nötig ist, zufalle."

Und weil das so ist, gibt es nun doch ein „gutes, gesegnetes Begehren: eben „ein Begehren nach Gottes Reich und nach seiner Gerechtigkeit." Setzen wir hier alle unsere Tatkraft ein. Denn alles andere gibt der HERR. Denn das ist ein Wünschen und Begehren, das Gott gefällt!

d) <u>Zusammenfassung: Gottes zehn Gebote …!</u>

Gottes Zehn Gebote gelten auch für die heutige Welt, die Albert Einstein als eine Welt „vollkommener Mittel und verworrener Ziele" bezeichnet. Die Gebote durchbrechen die Verworrenheit der Welt und geben die Ziele Gottes mit dieser Welt an. Sie schützen den Menschen in der Welt und geben den Menschen Leitlinien für ihren Lebensweg.

Gottes Zehn Gebote setzen Maßstäbe. Sie sind eine Einweisung in die Freiheit. Die Gebote sind erfüllt in Jesus Christus, dem „befreienden Gott und freien Menschen und sie werden erfüllt im Heiligen Geist, der ein Geist der Freiheit und der Liebe ist" (H.-J. Kraus).

Gottes Zehn Gebote sind Gebote der Liebe. Jesus fasst sie zusammen in dem Doppelgebot der Gottes – und der Nächstenliebe: „Du sollst den Herrn, deinen Gott, lieben von ganzem Herzen, von ganzer Seele und von ganzem Gemüt« (5. Mose 6,5). 38 Dies ist das höchste und erste Gebot. 39 Das andere aber ist dem gleich: »Du sollst deinen Nächsten lieben wie dich selbst« (3. Mose 19,18). 40 In diesen beiden Geboten hängt das ganze Gesetz und die Propheten." Die Liebe erweist sich als echt, wenn Menschen in ihrem Handeln dem Wort und Willen Gottes gehorsam sind.

Gottes Zehn Gebote sind keine Verbote, sondern Angebote, eine Wohltat, die Gott seinen Menschen schenkt und gönnt. Die zehn Schutzgebote sind unabhängig von zeitbedingten und geschichtlich ausgeprägten Formen des Gemeinschaftslebens. Sie sind und bleiben zu allen Zeiten gültig und verbindlich.

Jesus ermöglicht allen, die ihm nachfolgen, ein Leben, geborgen und geschützt durch Gottes Gebote.

e) Zusammenfassung: Thema + Aufbau!

2. Mose 20,17: „Du sollst nicht begehren deines Nächsten Haus. Du sollst nicht begehren deines Nächsten Frau, Knecht, Magd, Rind, Esel noch alles, was dein Nächster hat."

„Du sollst nicht begehren, was deinem Nächsten gehört!"

Dazu gehört:	Gott kennt genau unsere Bedürfnisse und Wünsche!
Dazu gehört:	Gott warnt uns vor Grenzüberschreitungen!
Dazu gehört:	Ein Wünschen und Begehren, das Gott gefällt!

Amen.

---

12. Matthäus 22,34-40 – Das höchste (Doppel-) Gebot der Liebe!

a) <u>Einstieg</u>:

„Alles was du brauchst ist Liebe…!" haben die Beatles 1967 gesungen:
„All you need is Love…" – Und sie haben Recht.

Auch wenn sie wahrscheinlich nicht die Liebe meinen, über die ich heute Morgen predige: die Liebe Gottes, die Agape! – Aber die Aussage gibt die richtige Richtung an: „Alles was du brauchst ist Liebe!"

b) <u>Thema und Textlesung</u>:

„Auf die Liebe kommt es an!" Auf die „Liebe Gottes". Das ist das Thema dieser Predigt. Die Liebe ist das größte Vorrecht und die größte Macht, die der Mensch kennt! Jeder möchte geliebt werden. Die meisten Psychologen sind sich darin einig, dass das das wichtigste Bedürfnis des Menschen ist, zu lieben und geliebt zu werden, und zwar voraussetzungslos und bedingungslos.

Ein Beispiel aus dem Mittelalter wird das erläutern. Es gab einen Grafen, der herausfinden wollte, welche Sprache Kinder von Natur aus sprechen würden. Er ließ sich von seinen Untertanen Kleinkinder bringen. Babys, die gerade geboren waren, wurden in ein Zimmer zusammengelegt, und die Amme wurde beauftragt, nur das Notwendigste an diesen Kindern zu verrichten; sie gerade zu wickeln und zu füttern, aber in keiner Weise ihnen irgendwelche Liebe entgegenzubringen. Schon bald wurden die Auswirkungen dieser Behandlung deutlich. Einige Kinder starben, andere waren für den Rest ihres Lebens geschädigt und nicht fähig, sich normal zu entfalten. Liebe hatte gefehlt. Dort, wo der Mensch nicht geliebt wird, kann er sich nicht entfalten.

„Auf die Liebe kommt es an!" habe ich als Thema gewählt. Ich lese uns den Predigttext von heute Morgen aus Matthäus 22,34-40 …

„Auf die Liebe kommt es an!"   Ein erster Gedanke dazu lautet:

1) Liebe – was ist das eigentlich? :/

a) Sitz im Leben / Hintergrund

Zunächst kurz etwas zum Anlass, zum Hintergrund dieser Verse. Es gab damals ganz unterschiedliche theologische Richtungen und Schulen. Und die gingen miteinander nicht gerade zimperlich um, besonders dann, wenn es um unterschiedliche Ansichten und Meinungen im Blick auf die Auslegung der Gebote ging. Und man war sehr bemüht, die 613 Gebote des AT – so viele, meinte man, im AT entdeckt zu haben – in ihrer Bedeutung zu erfassen und zu verstehen. 613 Vorschriften der Thora, die aus 248 Geboten und 365 Verboten bestanden.

Und so freuten sich hier im Text zunächst einmal die Pharisäer darüber, dass Jesus den Sadduzäern gehörig die Leviten gelesen hatte.
Es ging um das Thema „Auferstehung" und „Leben nach dem Tod". Für die „Sadduzäer" gab es kein Leben nach dem Tod und sie versuchten, Jesus in dieser Hinsicht aufs Glatteis zu führen mit einer Beispielgeschichte. Ein Mann heiratet eine Frau und stirbt wenig später, ohne dass aus der Ehe Kinder hervor gegangen sind. Der Bruder des Mannes heiratete dann die Witwe – damit Nachkommen entstehen – und starb ebenfalls. Insgesamt 7 Brüdern ging es so. Und die Frage der Sadduzäer an Jesus hieß: „Mit wem ist die Frau jetzt im Himmel verheiratet?"

Jesus führt diesen Gedanken „ad absurdum", indem er sagt: „Im Himmel gibt es keine Ehen mehr im irdischen Sinn..." Die Sadduzäer hatten sich schon gefreut, dass diese Beispielgeschichte das „Leben nach dem Tod" überflüssig macht. Aber Jesus öffnet ihnen die Augen darüber, dass sie einfach nur eine falsche Vorstellung vom Auferstehungsleben haben.

„Und als das das Volk hörte, entsetzten sie sich über seine Lehre" (V.33). Und in Vers 34: „Als aber die Pharisäer hörten, dass er den Sadduzäern das Maul gestopft hatte, versammelten sie sich."

- Die Sadduzäer waren gescheitert mit ihrem Versuch, Jesus aufs Glatteis zu führen.
- Und jetzt versuchten es die Pharisäer.

Sie schickten einen versierten und führenden Theologen zu ihm, einen „Schriftgelehrten", einen hervorragenden Rabbiner und „Gesetzeskundigen", um Jesus eine „Fangfrage" zu stellen und ihn schließlich der „Irrlehre" zu überführen: „Meister, welches ist das höchste Gebot im Gesetz?" Darüber gab es zwischen den verschiedenen theologischen Richtungen der damaligen Zeit durchaus heiß umstrittene Ansichten, wobei jede Richtung andere Gebote als die wichtigsten ansah. Und jetzt versuchten die Pharisäer mit dieser Frage, Jesus in die Enge zu treiben, um ihn so der Gottlosigkeit und der Gesetzesübertretung überführen zu können. Sie stellten Ihm mit dieser Frage eine „Falle"!

b) Eros – Philia – Agape

Wie antwortet Jesus? Kurz und bündig fasst er den ganzen Kern und die ganze Theologie des AT mit dem „Doppelgebot der Liebe" zusammen.

Jesus aber antwortete ihm: »Du sollst den Herrn, deinen Gott, lieben von ganzem Herzen, von ganzer Seele und von ganzem Gemüt« (5. Mose 6,4-5). Dies ist das höchste und größte Gebot.

Das andere aber ist dem gleich: »Du sollst deinen Nächsten lieben wie dich selbst« (3.Mose 19,18). In diesen beiden Geboten hängt das ganze Gesetz und die Propheten, also das ganze AT.‟ So einfach ist das, bei Jesus!

Und das hätte auch jeder fromme Jude wissen müssen, denn 2 x täglich haben Juden diese Sätze als persönliches Glaubensbekenntnis gebetet.

„Auf die Liebe kommt es an!‟

- Dabei beschreibt die „Liebe zu Gott‟ den Inhalt der ersten Gesetzestafel (die Gebote 1-4)!
- Und die „Liebe zum Nächsten‟ beschreibt den Inhalt der zweiten Gesetzestafel (die Gebote 5-10)!
- Das ganze AT ist im Grunde nichts anderes als eine Entwicklung und Entfaltung dieser beiden entscheidenden Punkte: Liebe zu Gott und Liebe zum Nächsten!

„Auf die Liebe kommt es an!‟ – Immer und zu allen Zeiten bis heute.
Aber das Wort „Liebe‟ ist in der gegenwärtigen Zeit wohl wie kaum ein anderes Wort entwertet und missverstanden worden.
Folgendes Beispiel wird das verdeutlichen. Ein Junge schreibt einen Liebesbrief an seine Freundin. Mit schönen gefühlsträchtigen Worten beschreibt er seine Gefühle für dieses Mädchen: „Ich liebe dich von Herzen mit Schmerzen. Für dich würde ich alles tun, was ich kann. Ich würde für dich Ozeane durchschwimmen, Wälder durchkreuzen, Hindernisse überwinden. Ich hoffe, wir können uns am kommenden Mittwoch um 15.00 Uhr treffen, vorausgesetzt, dass es nicht regnet.‟

Liebe verliert an Bedeutung, Liebe verliert sich in Worten. Trotzdem sucht jeder von uns nach Liebe. Ohne Liebe geht der Mensch kaputt. Jeder von uns hat ein unwahrscheinliches Bedürfnis nach Liebe.

Liebe, was ist das eigentlich? Im Deutschen gibt es nur „ein" Wort für „Liebe". In der griech. Sprache des NTs gibt es mindestens 3 Begriffe. Da ist das Wort Eros, Eros hat mit der sexuellen, mit der erotischen Liebe zu tun. Eros ist ein Wort für das sinnliche Verlangen. Dann gibt es den Begriff Philia, der für die freundschaftliche Liebe, die Zuneigung zwischen Freunden verwendet wird. Philia wird weitergegeben an Freunde, die unserer Liebe würdig sind, die sie verdient haben.

Aber dann kommt das Wort Agape. Dieses Wort wird im NT gebraucht. Weil die anderen Bezeichnungen für Liebe nicht ausreichen, um die Liebe Gottes zu erläutern.

Eros, sexuelle, erotische Liebe, Philia, Familienzuneigung, freundschaftliche Liebe ist zu wenig, um die Liebe Gottes zu beschreiben. Agape ist der Begriff für die göttliche Liebe. Und dieses Wort verwendet Jesus auch hier in Mt. 22, unserm heutigen Predigttext.

Was ist damit gemeint? Diese Liebe fordert die Übung des ganzen Menschen, die Übung der ganzen Persönlichkeit. Diese Liebe hängt mit der Gesinnung zusammen, nicht vorrangig mit einem bestimmten Gefühl. Sie hängt mit dem Denken und mit dem Handeln zusammen, mit den Angewohnheiten, mit dem ganzen Charakter.

Diese Liebe ist ein Prinzip, nach dem Gott und der Christ, wenn er sie in Anspruch genommen hat, bewusst handelt.

Diese Liebe beschreibt Paulus in 1. Korinther 13: „Wenn ich mit Menschen- und mit Engelzungen redete und hätte die Liebe nicht, so wäre ich ein tönendes Erz oder eine klingende Schelle. Und wenn ich prophetisch reden könnte und wüsste alle Geheimnisse und alle Erkenntnis und hätte allen Glauben, sodass ich Berge versetzen könnte, und hätte die Liebe nicht, so wäre ich nichts. Und wenn ich alle meine Habe den Armen gäbe und ließe meinen Leib verbrennen (als Märtyrer sterben) und hätte die Liebe nicht, so wäre mir's nichts nütze."

Und dann beschreibt Paulus das Wesen dieser Liebe in den folgenden Versen: „Die Liebe ist langmütig und freundlich, die Liebe eifert nicht, die Liebe treibt nicht Mutwillen, sie bläht sich nicht auf, sie verhält sich nicht ungehörig, sie sucht nicht das Ihre, sie lässt sich nicht erbittern, sie rechnet das Böse nicht zu, sie freut sich nicht über die Ungerechtigkeit, sie freut sich aber an der Wahrheit; sie erträgt alles, sie glaubt alles, sie hofft alles, sie duldet alles. Die Liebe hört niemals auf." Hier wird der Charakter Jesu beschrieben.

Fällt euch was auf? Da ist Aktion drin! Das sind alles „Tu-Wörter" hier, Verben. Hier geht es vorrangig um eine „Handlung", nicht um irgendein „Gefühl!"
Diese Liebe ist ein Willensvorsatz. Darum sagt Jesus: „Wenn ihr meine Gebote haltet, so bleibt ihr in meiner Liebe, wie ich meines Vaters Gebote halte und bleibe in seiner Liebe. Ihr seid meine Freunde, wenn ihr tut, was ich euch gebiete." Joh. 15,10.14

Jesus war Jude, und Juden liebten effektiv, nicht affektiv! Da geht es um eine Handlung, da geht es um konkretes Tun, nicht um ein Gefühl.

Diese Liebe ist Aktion, Aktion pur. Diese Liebe bedeutet Revolution. Diese Liebe ist eine Umkehrung der bestehenden Verhältnisse.

Natürlich sollen und können wir unsere Feinde nicht so lieben, wie wir unsere Familienangehörigen lieben. Aber wir sollen zu jeder Zeit für jeden – egal ob Freund oder Feind – das Beste suchen. Das ist Agape.
Egal, wie er sich verhält. Das tut Gott genauso in Bezug auf uns. Mit diesen Worten wird vielleicht das Wort Liebe am besten umschrieben und erläutert. Handlung, Tätigkeit, Aktion – das ist Agape!

Agape ist Gottes Liebe, die reinste und tiefste Art der Liebe, die es gibt! Sie wird nicht lediglich durch Emotionen ausgedrückt, sondern basiert auf einem Willensentschluss und ist ungemein „tat-kräftig!" Sie ist Gottes übernatürliche Liebe zu uns, die in dem Kreuzestod unseres Herrn für unsere Sünden ihren stärksten Ausdruck findet, und zugleich auch die übernatürliche Liebe, die Er durch Seinen Heiligen Geist in uns hervorbringen und durch uns an andere weitergeben will. Agape ist Liebe, die im Charakter des Liebenden begründet ist und nicht so sehr in der Würdigkeit des Empfängers dieser Liebe! Nicht selten ist es Liebe „trotz" anstatt „wegen!"

„Auf die Liebe kommt es an!"
Erstens: Liebe – was ist das eigentlich?
Ein zweiter Gedanke:

2) Gott hat uns zuerst geliebt! :/

a) Ein paar Bibelstellen: Römer 5,8 – 1. Joh. 4,19 – Joh. 17,23

Gott liebt uns! Er liebt uns mit „Agape!" Er liebt uns mit der gleichen Liebe, mit der Er Seinen Sohn liebte! Und Er hat uns schon immer geliebt. Bevor wir das überhaupt wussten und wahrgenommen hatten! Einen „Glutofen der Liebe" hat Martin Luther Gott bezeichnet. In Röm. 5,8 schreibt Paulus: „Gott aber erweist seine Liebe zu uns darin, dass Christus für uns gestorben ist, als wir noch Sünder waren."

Diese Feststellung ist für uns ganz wichtig! Nicht wir lieben Gott, nicht wir sind in der Lage, andere zu lieben, sondern Gott hat uns zuerst   geliebt. Er ist der, der mit dem Lieben angefangen hat! Als wir noch Sünder waren, das heißt, als wir noch von Gott getrennt waren, als wir in keiner Weise Gott gefallen konnten, hat Gott uns mit diesem Willensvorsatz, ständig für uns das Beste zu suchen, geliebt, und dann hat Er diese Liebe in die Tat umgesetzt. Er hat Christus für uns sterben lassen!

Im 1. Johannesbrief, im 4. Kapitel, heißt es dazu in Vers 19: „Lasset uns ihn lieben, denn er hat uns zuerst geliebt." Wir werden geliebt, so wie wir sind, egal, wie wir uns verhalten, mit dieser göttlichen Liebe.

Wir werden bedingungslos und voraussetzungslos von Gott geliebt! Bis heute! Jeder Mensch! Seine Liebe richtet sich nicht nach unserer Leistung, nach unserem Verdienst. Sie ist bedingungslos. Gott liebt uns und darum sucht Gott unter allen Umständen für jeden von uns das Beste.

Gott ist ständig bemüht, uns seine Liebe nahe zu bringen. Gott liebt uns trotz unseres Ungehorsams, unserer Schwachheit, unserer Sünde, unserer Selbstsucht.

Er liebt uns so grenzenlos, dass er seinen einzigen geliebten Sohn für uns – an unserer Stelle – in den Tod gegeben hat! Das Kreuz bringt diese bedingungslose Liebe am deutlichsten zum Ausdruck! Im gekreuzigten Jesus Christus wird ein – für allemal die Schuld aller Menschen für immer beseitigt!

Wir wurden und werden <u>zuerst</u> geliebt. Gott liebt uns so, wie wir sind bedingungslos und voraussetzungslos. Seine Liebe nimmt uns so an, wie wir sind, aber sie wird uns nie so lassen, wie wir sind. Sie verändert uns! Zum Beispiel so: Dass wir selbst zu Liebenden werden! Denn: „Auf die Liebe kommt es an!"

b) <u>Eine Geschichte: Mehr als genug! (Quelle: Andere durch Glauben lieben – wie lernt man das? Mitteilbares Konzept 8, Bill Bright)</u>

Es gibt so eine Geschichte von einem „modernen verlorenen Sohn", der mit seinen Eltern in Streit geraten und dann wütend von zu Hause weggelaufen war. Nach einem Leben in Schwelgerei und Zügellosigkeit bestieg er schließlich einen Zug und fuhr nach Hause. Als der Zug sich dem Gehöft seiner Eltern näherte, erzählte er seinem Mitreisenden, dass er seinen Eltern einen Brief geschrieben habe, um sie um Vergebung und Wiederaufnahme zu bitten. Falls sie ihn wiederhaben wollten, sollten sie ein weißes Tuch an die alte Ulme im Hinterhof binden.

„Ich wage nicht hinzusehen" sagte er zu dem Mitreisenden. „Schauen <u>Sie</u> lieber für mich nach." Als sie um die Kurve kamen, blickte der Reisegefährte aus dem Fenster und rief: „Schauen Sie nur! Da hängt nicht nur <u>ein Tuch</u> – da sind Hunderte von Tüchern! Jeder Zweig ist voll!"

Wenn menschliche Eltern schon auf diese Weise lieben können, wie viel mehr dann Gott! Die Liebe, die Gott für uns hat, ist mehr als ausreichend! Diese Liebe reicht aus, um allen Mangel an Liebe in deinem Leben vergessen zu machen! Wirklich! Diese göttliche, übernatürliche, bedingungslose, ewige, unveränderliche Liebe hat Gott nun auch uns zur Verfügung gestellt mit dem Gebot, dass wir einander lieben sollen! Dabei ist noch wichtig: Liebe ohne Wahrheit kommt im NT nicht vor. Und was Wahrheit ist, entscheidet sich an den Aussagen der Bibel und der Person Jesu Christi!

Nach so viel Zuspruch, darf jetzt auch der Anspruch nicht fehlen, oder? Hören wir noch einmal diese beiden Sätze aus dem Munde Jesu:
»Du sollst den Herrn, deinen Gott, lieben von ganzem Herzen, von ganzer Seele und von ganzem Gemüt / Verstand«. Dies ist das höchste und größte Gebot. Das andere aber ist dem gleich: »Du sollst deinen Nächsten lieben wie dich selbst« (3.Mose 19,18).

„Auf die Liebe kommt es an!"
Erstens: Liebe – was ist das eigentlich?
Zweitens: Gott hat uns zuerst geliebt!
Ein dritter und letzter Gedanke dazu lautet:

3) Der Auftrag zu lieben! :/

a) Gott lieben!
Wir werden geliebt, und wir sollen lieben. Wir sollen Gott lieben. Wir sollen den Nächsten lieben. Und wir sollen uns selbst lieben. Auf diese drei Richtungen möchte ich kurz eingehen. Zunächst: Wir sollen Gott lieben? Warum sollen wir Gott lieben? Und wie können wir Ihn am besten zurücklieben?

Warum sollen wir Gott lieben? Weil Er uns zuerst geliebt hat! Weil Er sich Seinen geliebten Sohn vom Herzen gerissen hat, um uns zu erlösen! Wir sind Seine „Geschöpfe", und wir dürfen zu Seinen „Kindern" werden! Gott ist einzigartig! Gott ist wunderbar! Gott ist unüberbietbar! Er ist der einzig wahre Gott! Und unsere Liebe zu Ihm kann immer nur Antwort auf Gottes vorausgegangene Liebe zu uns sein!

Und wie können wir Ihn am besten lieben? Ich bin heute nach wie vor überzeugt davon, dass der Kirchenvater Augustin (13.11.354-28.08.430) eine „zeitlose" Wahrheit ausgesprochen hat mit den Worten: „Du hast uns für dich selbst gemacht. Unruhig ist unser Herz, bis es ruht, o Gott, in dir." Der Mensch ist daraufhin angelegt, Gott zu lieben. Dort, wo der Mensch Gott nicht liebt, kann er seinem Menschsein nicht gerecht werden. Der Mensch ist so angelegt, dass er die Liebe Gottes in sich aufnehmen muss, um sie dann zurückzustrahlen an Gott. So – auf diese Art und Weise – liebt er Gott. Das ist seine Bestimmung: Gottes Angebot, sein Geschenk von Liebe annehmen!

Wir sollen lieben! So heißt der göttliche Auftrag. Wir sollen Gott lieben, weil Er uns geliebt hat. Wir sollen Gott lieben, weil wir so geschaffen sind. Und wir sollen Gott lieben, weil wir selbst nur so Erfüllung für unser eigenes Leben finden können.

Dadurch, dass ich Gott liebe, dadurch, dass ich mit Gott Zeit verbringe, um meiner Liebe Ausdruck zu verleihen; dadurch, dass ich mich der Liebe Gottes aussetze, werde ich Ihm immer ähnlicher werden!
Schon im menschlichen Bereich wird es deutlich, dass dort, wo zwei Menschen Zeit miteinander verbringen, die Persönlichkeit des einen auf den anderen abfärbt. Man wird sich ähnlicher.

Nicht nur auf dem mitmenschlichen Bereich wird das deutlich, sondern sogar auf den Bereich zwischen Mensch und Tier. Vielleicht kennt ihr den Ausspruch, wo die Frau zu ihrem Mann sagt: „Du, Hugo, nimm den Hund vom Fenster, die Leute grüßen schon."

Deshalb sollen wir Zeit mit Gott verbringen, damit wir Ihm auf diese Weise ähnlicher werden. Und damit wir darin die eigentliche Erfüllung für unser Leben finden können!

Wir lieben Gott zurück, weil Er uns zuerst geliebt hat. Und darum verbringen wir Zeit mit Ihm und genießen die Gemeinschaft mit Ihm im Gebet, im Lobpreis, in der Anbetung, im Lesen und Studieren Seines guten Wortes, das uns zeigt, wie Er denkt, was Er von uns möchte und wie wir Ihm Freude machen und Ihm dienen können! So lieben wir Gott zurück!

b) <u>Den Nächsten lieben!</u>
Und jetzt sagt Jesus: „Direkt daneben, auf der gleichen Ebene, auf der gleichen Stufe, steht das 2. Gebot: Du sollst deinen Nächsten lieben, wie dich selbst."

Warum sollen wir den Nächsten lieben? Den nächsten Freund. Den nächsten Feind. Den nächsten Bruder. Den Nächsten in der Familie. Warum gerade all diese Leute lieben, warum nicht nur einzelne?   Warum grundsätzlich den Nächsten lieben? Egal ob er nun Freund oder Feind ist? Wir sollen ihn deshalb lieben, weil das der Liebe Gottes entspricht.

Ich hatte schon zu Anfang gesagt, dass diese Liebe Gottes nicht in   erster Linie eine Gefühlserfahrung ist. Diese Liebe Gottes ist ein vorsätzliches Prinzip, nach dem ich bewusst lebe. Diese Liebe Gottes will zu jederzeit für den andern unter allen Umständen das Beste suchen.

Deshalb soll ich den Nächsten lieben, weil die Liebe Gottes sich dadurch verbreitet, sich multipliziert und Ausdruck verschaffen will!

Im Johannes 13, in den Versen 34 bis 35, wird noch ein weiterer Grund genannt, warum ich den Nächsten lieben soll.
Dort sagt der Herr Jesus zu seinen Jüngern: „Ein neues Gebot gebe ich euch, dass ihr euch untereinander liebt, wie ich euch geliebt habe, damit auch ihr einander lieb habt. Daran wird jedermann erkennen, dass ihr meine Jünger seid, wenn ihr Liebe untereinander habt."
Die Welt wird von Gott das Recht bekommen, dich in deinem Christsein daran zu beurteilen, ob du Liebe übst.

Kleine Anregung: Du kannst dir ja mal einen Zettel nehmen und aufschreiben: Wen liebe ich zurzeit nicht? Dann wirst du feststellen, dass überall dort, wo du einem Menschen nicht mit Liebe begegnest, du diesem Menschen mit Vorurteilen oder sogar mit Ärger begegnest. Und die Ärzte bestätigen es uns, dass Ärger meistens Magengeschwüre hervorruft. Du sollst deinen Nächsten lieben, auch um deiner selbst willen. Nur so wirst du ein ausgeglichenes gesundes Leben in der Gemeinschaft mit Gott führen können. Wir sollen lieben! So lautet der Befehl Gottes. Wir sollen Gott lieben. Wir sollen den Nächsten   lieben. Und wir sollen uns selbst lieben.

c) Mich selbst lieben!
Interessant ist, dass Jesus hier nicht sagt: „Liebe deinen Nächsten, anstatt dich selbst, sondern wie dich selbst."

Gott liebt mich! Gott hat mich gewollt, so wie ich bin! Mit all meinen Eigenarten, mit all meinen Schwierigkeiten, mit all meinen Problemen, mit meiner ganzen Lebensgeschichte.

Und weil Gott mich so bedingungslos liebt, soll und darf ich mich selbst lieben! Wenn ich mich selbst nicht liebe, werde ich abhängig von menschlicher Gegenliebe.

Dort wo ich dem Anspruch Gottes nachkomme und mich selbst akzeptiere, auch für mich selbst das Beste suche in der Gemeinschaft mit Gott, werde ich unabhängig von menschlicher Gegenliebe. Ich werde diese Liebe von Gott her anderen entgegenbringen können, egal, wie sie sich verhalten, egal, ob sie mir auch Liebe entgegenbringen oder nicht. Wenn ich mich selbst liebe, sehe ich mich so, wie Gott mich sieht, akzeptiert in Jesus Christus, angenommen in Jesus Christus. Darum sagt das hier Jesus so: „Du sollst deinen Nächsten lieben <u>wie dich selbst</u>!" Es geht dabei nicht um Egomanie, sondern um Selbst-Annahme!

Auf die Liebe kommt es an! Und Jesus gibt hier nicht nur ein „Gebot" zu lieben, sondern Er zeigt uns auch, <u>wie</u> wir ganz praktisch lieben können! Und damit komme ich zum Schluss der Predigt.

d) <u>Mit Gottes Liebe (Agape) lieben!</u>

Wir „lieben" mit der göttlichen Liebe, mit der Agape! Das zieht sich hier durch im griech. Grundtext wie ein roter Faden. Wie schon gesagt: Hier ist durchgehend von keinem anderen Begriff die Rede, auch nicht von der „Philia", sondern nur von der „Agape"! Wir „lieben" mit „Agape"!

Anders geht das auch gar nicht! Wir können nicht aus eigener Kraft lieben! Da würden wir uns aufreiben und völlig verkrampfen. Wir können nicht aus uns selbst „göttlich" lieben. Je früher wir das erkennen, desto besser und heilsamer ist das für uns.

Im NT wird uns die Verheißung gemacht, dass Gott seine Liebe in unsere Herzen ausgegossen hat. In Römer 5, Vers 5 heißt es: „Denn die Liebe Gottes ist – nicht wird – ist ausgegossen in unser Herz durch den Heiligen Geist, welcher uns gegeben ist." Gott hat uns seine göttliche Liebe durch die Gegenwart des Heiligen Geistes zur Verfügung gestellt. All die Eigenschaften dieser göttlichen Liebe sind in uns hineingelegt worden in dem Augenblick, als wir Jesus Christus in unser Leben aufgenommen haben.

Wenn das stimmt, sollte eigentlich nur Liebe aus unserem Leben heraus fließen. Ähnlich wie mit einer Milchflasche, die mit Milch gefüllt ist. Wenn man die Flasche schüttelt, was kommt heraus? Milch. Wenn man die Flasche zerbricht, was kommt heraus? Milch. Das Gleiche wird der Fall sein, wo Christen entdecken, dass die Liebe Gottes in ihre Herzen ausgeschüttet ist und sie lernen, diese revolutionäre Kraft in Anspruch zu nehmen. Wir lieben mit der „göttlichen" Liebe, mit Agape.

e) Durch den Glauben lieben!
Wie kann ich diese Liebe in der Praxis in Anspruch nehmen? Wie kann diese Liebe Gottes durch mich zur Wirkung kommen? Wie kann ich mit dieser Liebe, die Gott in mich hineingelegt hat, Gott lieben? Wie kann ich mit dieser Liebe den Nächsten lieben, den nächsten Freund, den nächsten Feind, den nächsten Bruder, den Nächsten in meiner Familie? Wie kann ich mit dieser göttlichen Liebe mich selbst lieben?

Antwort: Allein durch den Glauben!:/ Paulus schreibt mal: „Wie ihr nun den Herrn Christus Jesus angenommen habt, so lebt auch in ihm." Kol. 2,6

- Wie haben wir Jesus angenommen? Allein durch den Glauben!
- Wie leben wir in Ihm? Allein durch den Glauben!

Glaube ist nicht vorrangig irgendeine Gefühlserfahrung. Glaube ist auch nicht nur eine Erfahrung an und für sich. Glaube heißt, die Zusagen Seines Wortes praktisch in Anspruch nehmen durch eine willentliche Entscheidung! „Und dieser Glaube ist dann durch die Liebe tätig!" (Gal. 5,6) Wir lieben durch den Glauben!

Gott wird dein Gebet <u>nicht</u> erhören können, wenn du ihn bitten solltest: „Vater, schenke mir mehr Liebe. Vater, gib mir mehr Liebe für soundso. Gib mir mehr Liebe für mich selbst."

Gott <u>hat</u> dir schon alle Liebe gegeben, die du benötigst. Gott wird dich nur auf diese Liebe hinweisen können mit dem Aufruf: Nimm diese Liebe im Glauben in Anspruch. Ganz praktisch: „Jesus, ich danke dir für deine Liebe, die in mein Herz ausgegossen ist durch den Heiligen Geist. Diese Liebe nehme ich jetzt im Glauben in Anspruch für meine Schwiegermutter, für meine Vorgesetzten, für meinen Nachbarn, für meine Verwandten", usw.

Die Liebe Gottes revolutioniert. Die Liebe Gottes wird menschliche Zerwürfnisse verändern. Die Liebe Gottes muss durch dich wirksam werden in dieser Welt, weil unsere Welt nach Liebe hungert, nach Liebe schreit. Wir lieben durch den Glauben!

f) <u>Mit ganzer Hingabe lieben!</u>

Und – noch ein Tipp von Jesus hier aus diesem Text – Wir lieben mit <u>ganzer</u> Hingabe, indem wir die Herrschaft Gottes über unser Leben anerkennen und dann „ganze Sache" machen! Jesus sagt hier: „Du sollst den <u>Herrn</u>, deinen Gott, lieben von <u>ganzem</u> Herzen, von <u>ganzer</u> Seele und von deinem <u>ganzen</u> Verstand...und deinen Nächsten wie dich selbst..."

„Ganz" heißt „ganz", nicht „ein halb", nicht „ein viertel", sondern „ganz", ungeteilt, durch und durch, vorrangig, zuallererst ... (griechisch: holos)!

g) Zusammenfassung

„Auf die Liebe Gottes kommt es an!"

1) Liebe – was ist das eigentlich?
2) Gott hat uns zuerst geliebt!
3) Und wir haben den Auftrag zu lieben!

Lasst uns Gott darum bitten, uns zu Revolutionären seiner Liebe zu machen. „Herr Jesus Christus, erfülle uns durch deinen Heiligen Geist, dass wir die Liebe Gottes, die ausgeschüttet ist in unsere Herzen, in Anspruch nehmen und im Glauben weitergeben und ausstrahlen an andere, um deines Namens willen. Amen."

---

13. Nachwort

10 großartige Orientierungshilfen für ein gelingendes Leben

Gott hat uns Richtlinien für unser Leben gegeben, weil er uns liebt und sich wünscht, dass wir das Leben voll ausschöpfen. Wenn Gott also sagt: „Du sollst nicht töten", dann wollte er uns damit nicht den Spaß verderben. Er hat ebenfalls nicht gesagt: „Du sollst nicht ehebrechen", weil er ein Spielverderber ist. Er will einfach nicht, dass Menschen verletzt werden. Die ganze Bibel ist die Offenbarung von Gottes Willen für sein Volk. Je mehr wir seinen Willen entdecken und in die Tat umsetzen, umso größer wird unsere Freiheit. Warum ist dieses Buch so konkurrenzlos, kraftvoll und kostbar? Jesus beantwortet diese Frage mit dem Satz: „Der Mensch lebt nicht nur von Brot, sondern von jedem Wort, das aus Gottes Mund kommt" (Matthäus 4,4). Das Wort „kommt" steht grammatikalisch gesehen im griechischen Originaltext im Partizip Präsens und bezeichnet einen ständig ablaufenden Prozess. Es ergießt sich sozusagen ununterbrochen aus dem Mund Gottes, wie ein Strom aus der Quelle hervorsprudelt. Mit anderen Worten: Gott möchte ununterbrochen mit uns kommunizieren, weil er uns grenzenlos liebt. Und das tut er in erster Linie durch die Bibel. Darum kann Jesus an anderer Stelle sagen: „Die Worte, die ich zu euch geredet habe, die sind Geist und sind Leben" (Joh.6,63). Und die Wahrheit dieser Worte erfährt man im Tun (Joh.7,17). Das vorliegende Buch mit den 10 Geboten bildet nur einen kleinen Ausschnitt der Heiligen Schrift und will dazu ermutigen und motivieren, den Wahrheitsgehalt und die Funktionstüchtigkeit dieser 10 großen Wahrheiten – und nicht nur die – für das eigene Leben zu entdecken. Sie gleichen einem Navi, das uns vor falschen Wegen und Sackgassen bewahren will und uns sicher zum Ziel unseres Lebens bringt: dem Himmel.

14. Quellenangabe und Literaturverzeichnis

- ❖ Lutherbibel 1984
- ❖ Hebräische Bibel (Biblia Hebraica Stuttgartensia)
- ❖ Griechisches NT (Nestle-Aland Novum Testamentum Graece)
- ❖ Logos Bibelsoftware (Logos 10, Free Edition 32.1.31)
- ❖ Kleines Wörterbuch zum griechischen Neuen Testament (Kassühlke)
- ❖ Wörterbuch zum hebräischen Alten Testament (Potsma)
- ❖ Buber – Rosenzweig Übertragung des Alten Testaments
- ❖ Septuaginta (Griechische Übersetzung des Alten Testaments)
- ❖ Kleiner Katechismus von Dr. Martin Luther
- ❖ Heidelberger Katechismus von Otto Weber
- ❖ In Freiheit leben (Dr. Hansjörg Bräumer)
- ❖ Leitfeuer für unser Leben (Dr. Ulrich Betz)
- ❖ Kommentar-Reihen
  - o Altes Testament Deutsch (ATD)
  - o Die Botschaft des Alten Testaments (Calwer Verlag Stuttgart)
  - o Wuppertaler Studienbibel Altes Testament
  - o Brockhaus Kommentar zur Bibel
  - o Das Alte Testament (John F. Walvoord und Roy B. Zuck)
- ❖ Andachtsbücher von Axel Kühner (Aussaat-Verlag)
- ❖ Vier Gleichnis-Bände von Heinz Schäfer mit Beispielen für die Wahrheit der Bibel (Christliches Verlagshaus)

15. Autor

In Nordhessen geboren und aufgewachsen. Verheiratet, Vater von zwei Töchtern. Zwei Enkelkinder.

Beruflicher Werdegang: Ausbildung zum Krankenpfleger an der Uniklinik Marburg. Ausbildung zum Pastor am Theologischen Seminar Tabor in Marburg. Fortbildungen in Biblisch-Therapeutischer Seelsorge (BTS).

Seit 1984 Pastor aus Berufung in einer evangelischen Freikirche.

Nach 40 Jahren Dienst als Pastor seit 2024 im Ruhestand. Immer noch begeistert von Jesus und seiner Erfindung Gemeinde, und hier und da weiterhin für Gott unterwegs.